Thilo Baum

Vom Experten zum Autor

So schreiben Sie das Buch zu Ihrer Positionierung

MIDAS VERLAG

Vom Experten zum Autor

So schreiben Sie das Buch zu Ihrer Positionierung

ISBN 978-3-03876-534-9

auch als E-Book erhältlich
ISBN 978-3-03876-539-4

Thilo Baum, geboren 1970, hilft Unternehmen und anderen Organisationen, sich klar auszudrücken. Nach einem Tageszeitungsvolontariat inklusive Ausbildung an der Henri-Nannen-Schule Berlin wurde Thilo Baum Lokal- und dann Schlussredakteur beim »Berliner Kurier«. Seit 2004 ist Thilo Baum selbstständiger Berater, Trainer und Speaker mit dem Thema »Klartext«. Unter anderem unterrichtete er an der Berliner Journalistenschule »Klara«, der Nachfolgerin der Henri-Nannen- Schule Berlin. Bisherige Veröffentlichungen zum Thema sind »30 Minuten für gutes Schreiben« (GABAL), »Komm zum Punkt! So drücken Sie sich klar aus« (Eichborn/STARK/ Relevanz) und »Schluss mit förmlich! So gelingt menschliche Unternehmenskommunikation«. Thilo Baum ist Professional Member der German Speakers Association e.V. (GSA) und leitet dort als Studienleiter die Rednerausbildung der »GSA-Akademie«. **https://www.thilo-baum.de**

Thilo Baum:
Vom Experten zum Autor – So schreiben Sie
das Buch zu Ihrer Positionierung
Zürich: Midas Management Verlag AG

Lektorat: Jutta Cram, Augsburg
Cover: Agentur 21, Zürich
Druck und Bindung: CPI, Leck

Die deutsche Nationalbibliothek verzeichnet diese Publikation in der Deutschen Nationalbibliografie. Detaillierte bibliografische Daten sind im Internet abrufbar unter www.dnb.de

Midas Management Verlag AG, Dunantstrasse 3, CH 8044 Zürich
kontakt@midas.ch, www.midas.ch, Social Media @midasverlag

Inhalt

»Buchung kommt von Buch.«
Experten-Kalauer

Vorwort: Brauchen Sie ein Buch?

Sie brauchen ein Buch! Wie oft hört man diesen Spruch in Seminaren, bei denen es um Positionierung geht. Es scheint so, als könne man ohne Buch kein Geschäft generieren und als sei man ohne eigenes Buch ein Niemand.

Ganz so schlimm ist es allerdings nicht: Auch ohne ein Buch sind viele Selbstständige sehr erfolgreich. Es gibt sogar erfolgreiche Selbstständige ohne Website. Die sind zwar selten, aber wenn das Business über Empfehlungen zuverlässig funktioniert und der Kalender voll ist, was gibt es da zu meckern?

Wenn Sie sich als Experte positionieren wollen, dann bin ich der Meinung, dass Sie mit hoher Wahrscheinlichkeit ein Buch brauchen. Denn Experten – ob Trainer, Berater oder Speaker – sind Wissensvermittler und Contentlieferanten. Und Wissen und Content lassen sich nun einmal gut in Buchform liefern.

Für mich stellen sich im Grunde eher zwei andere Fragen. Erstens: Haben Sie denn überhaupt genug Substanz, um ein Buch zu schreiben? Also: Sind Sie so gut, dass Sie einzigartige Inhalte liefern können, die es so in dieser Form bisher noch nicht gab? Wenn Sie diese Frage mit Ja beantworten, dann stellt sich die zweite Frage: Sind Sie in der Lage, den Aufwand einer Buchproduktion zu stemmen?

Das gute alte Problem bei Selbstständigen ist meistens: Entweder hat man Zeit oder Geld. Manche Selbstständige haben weder Zeit noch Geld – diese Leute sollten etwas an ihrer Strategie ändern. Andere haben Zeit und Geld – das ist das Ziel. Aber auf dem Weg dorthin erleben Selbstständige eben oft, dass es entweder am einen oder am anderen mangelt.

Nun kann ein Buch den Tagessatz eines Experten schon mal um 1000 Euro erhöhen. Und darum ist ein Buch prinzipiell schon sehr attraktiv. Aber wie kann man als Selbstständiger das Ganze leisten, wenn die Buchproduktion doch Zeit und Geld kostet und oftmals beides knapp ist?

In diesem Buch will ich Ihnen zu diesen Fragen eine Orientierung geben. Vor allem will ich Ihnen zeigen, worauf Sie sich einlassen. Also: Was bedeutet Buchproduktion letzten Endes? Ganz egal, ob Sie Ihr Buch in einem Verlag herausbringen oder im Selfpublishing, es kommt Arbeit auf Sie zu. Auch dann, wenn Sie alles auslagern und einen Ghostwriter beauftragen. Auch wenn das Buch fertig und im Handel ist, ist die Arbeit noch nicht vorbei: Heute ist es vor allem die Aufgabe des Autors oder der Autorin, das Buch zu vermarkten. Die Zeiten sind vorbei, in denen Autoren mit dem Gestus eines Schriftstellers und Künstlers lediglich ihre Manuskripte verfeinert haben und sich der Verlag um alles andere gekümmert hat. Es entstehen heute so dermaßen viele Bücher, viel mehr als je zuvor, und damit Ihr Buch Resonanz findet, sind auch Sie als Autorin oder Autor gefragt.

Aber noch einmal zur Eingangsfrage aus der Überschrift dieses Vorwortes zurück: Vielleicht brauchen Sie ja auch kein Buch. Beziehungsweise: Vielleicht geht Ihre Abwägung zwischen den Vorteilen eines Buches und dem Aufwand der Bucherstellung zuungunsten des Buches aus. Das kann sein.

Oder aber Sie brauchen kein Buch, weil Sie eher einen Youtube-Kanal brauchen oder einen Podcast. Es kommt ganz darauf an, womit Sie sich positionieren. Als Influencer brauchen Sie möglicherweise kein Buch, auch weil Sie sich mit einem Buch zu sehr auf einen Status quo festlegen, der in wenigen Jahren überholt ist. Das wäre schade. Für schnelle und kurzlebige Themen eignen sich Bücher nicht so sehr.

Wissensvermittler sollten ein Buch schreiben

Also überlegen Sie mal: Welches Wissen, welchen Content vermitteln Sie? Wie langlebig sind Ihre Erkenntnisse, Regeln und Tipps? Und überlegen Sie: Welche Darstellungsform ist für Ihr Thema die beste? Am Ende gibt es vier Medien: geschriebenen Text (Bücher, Blogs), gesprochenen Text (Radio, Podcast), Fotos und Bewegtbilder (Fernsehen, Videos). Dann gibt es natürlich noch Kombinationen daraus, also zum Beispiel Texteinblendungen in meinen Videos. Aber die Frage ist zuerst: Haben Sie eventuell ein Bewegtbild-Thema? Dann liegt ein Youtube-Kanal möglicherweise näher als ein Buch.

Generell eignet sich ein Buch für alle, die Wissen vermitteln. Das Wissen, das Sie vermitteln, muss keine Raketenwissenschaft sein, es dürfen auch ganz einfache Inhalte sein. Viele Menschen denken, ihre Inhalte seien zu banal für ein Buch, weil sie beispielsweise ein simples Handwerk vermitteln wie Englisch oder Buchhaltung. Aber wie viele Bücher zu den Themen Englisch und Buchhaltung gibt es? Massenhaft! Zwar sind das alles relativ langweilige Ratgeber, aber das heißt nicht, dass auch Ihr Buch langweilig werden muss. Denken Sie zum Beispiel an die »Dummies«-Reihe: ein witziger Zugang zu Alltagsthemen und dazu, wie man etwas macht. Auf meinem Klavier liegt zum Beispiel das Buch »Harmonielehre für Dummies«. Der Autor, Oliver Fehn, ist Musiklehrer.

Also: Um in Ihrem Fachgebiet mit einem Buch erfolgreich zu sein, brauchen Sie keinen Nobelpreis. Es wäre zwar nicht schlecht, aber nötig ist es nicht. Es genügt völlig, wenn Sie sich in Ihrem Gebiet exzellent auskennen und Ihre Inhalte so vermitteln können, dass sie jeder versteht. Das ist der Anspruch. Bevor Sie sich ransetzen an Ihr Buchprojekt, sollten Sie also ehrlich prüfen, ob Sie das können.

Das gilt übrigens nicht nur für Ratgeber, sondern auch für Sachbücher – die genauen Unterschiede besprechen wir später, wenn es um die Genres geht. Wenn Sie ein politisches Sachbuch rausbringen wollen mit der These, dass das Steuersystem Mist ist, dann genügt da kein Stammtischniveau, auf dem ein genervter Steuerzahler vom Leder zieht. Da ist höchste Absenderkompetenz gefragt und vor allem ein konstruktiver und lösungsorientierter Zugang. Denn dass das Steuersystem unnötig kompliziert ist, dürfte Allgemeinwissen sein – hilfreich wäre jetzt ein Modell, wie es sich tatsächlich vereinfachen ließe und dann noch möglichst gerecht bleibt.

Es geht also um Substanz. Bücher ohne Substanz sind mir ein Graus. Ich begegne immer wieder Büchern ohne Substanz, weil sie mir jemand per Post ins Haus schickt. Da landen dann auf WC-Papier gedruckte Layout-Katastrophen mit wirren Texten, Logikfehlern und auch Schreibfehlern in Überschriften. Ich mache sicher auch Schreibfehler, aber am Ende zählt die Menge der Handwerksverstöße. Und die sind bei Büchern Marke Eigenbau eben oft sehr häufig, weil die Autoren das Handwerk des Schreibens nicht würdigen. Eine solche Lieblosigkeit hält mich massiv davon ab, mich überhaupt auf so ein Buch einzulassen. Steht dann auch noch Unsinn drin, kommt der Autor auf meine gedankliche Blacklist, und wenn ich ihm oder ihr mal auf einer Veranstaltung begegne, bin ich gewarnt.

Der Sinn und das Ziel Ihres Buches

Der wichtigste Gedanke am Anfang all Ihrer Überlegungen ist: Wozu machen Sie das alles? Was ist der Sinn Ihres Buches, was ist das Ziel? Erst wenn Sie das wissen, werden die weiteren Fragen relevant. Also Fragen wie: In welchem Verlag erscheint Ihr Buch? Produzieren Sie es als E-Book? Lassen Sie es selbst drucken? Welche Schriftgröße wählen Sie? All diese Fragen sind irrelevant, solange der Sinn des großen Ganzen nicht klar ist. Und ist der Sinn nicht klar, laufen Sie Gefahr, sich maßlos zu verzetteln.

Schauen wir einfach mal ein paar der wichtigsten Gründe an, ein Buch zu schreiben:

- Sie wollen der Welt etwas Sinnvolles mitteilen. Das ist ein hehres Ziel – Ihnen liegt etwas am Nutzen für Ihre Mitmenschen. Bitte denken Sie daran, dass Sie Ihr Buch auch verkaufen müssen: Wenn es niemand liest, sind Ihre klugen Gedanken für den Garten. Es geht also vielleicht nicht unbedingt darum, was Sie sagen wollen, sondern darum, was ankommen soll. Also: Was bringt Ihr Buch Ihren Lesern? Hat es einen Nutzen?

- Sie wollen Geld verdienen mit Ihrem Buch. Das ist legitim, aber es gelingt nicht vielen Menschen. Stellen Sie sich vor, Ihr Buch kostet im Laden 19,95 Euro, dann sind das nach Abzug von sieben Prozent Mehrwertsteuer 18,64 Euro netto. Wenn Sie als Autor pro Exemplar zehn Prozent bekommen, ergibt das 1,86 Euro. Um daraus 186.000 Euro zu machen, müssten Sie also erst mal 100.000 Stück absetzen. Und dazu muss sich Ihr Buch rasend schnell herumsprechen.

- Sie wollen Ihrem Publikum Ihre Expertise beweisen – für Menschen mit spannenden Themen der wichtigste Grund, ein Buch zu veröffentlichen. Sie wollen ein greifbares Buch, das Sie Ihren Kunden in die Hand drücken können. Hier zählt die individuelle Reaktion Ihrer Kontakte auf die Tatsache, dass Sie ein Buch geschrieben haben – Masse ist also gar nicht nötig. Auch ist der Widerhall in den Medien letztlich wichtiger als Ihre Verkaufszahlen. Ihr Buch und die Presseberichte dazu sind Ihre neuen Akquiseunterlagen.

Ja, es ist ernüchternd: Reich werden Sie mit Büchern eigentlich nur, wenn Ihr Buch zum Bestseller wird oder wenn Sie ohne Ende Bücher schreiben, deren Gesamtauflage in der Summe ökonomisch attraktiv wird. Sie könnten dazu beispielsweise eine Reihe ins Leben rufen wie »Günter, der innere Schweinehund« von Stefan Frädrich: Ausgehend von einem Basis-Buch finden Sie in der Reihe »Schweinehund«-Bücher zu allen möglichen Themen – Sie können mithilfe dieser Bücher schlank werden, Nichtraucher werden, Ihre Hemmungen beim Flirten verlieren und sich auf eine Aufgabe als Führungskraft vorbereiten. Sollten Sie eine Reihe entwickeln und Ihre Fans kaufen jede Neuerscheinung, dann ist das möglicherweise nicht ganz schlecht. In der Belletristik scheffeln Autoren wie Dan Brown und Joanne Rowling mit diesem Muster Millionen und beweisen, dass sich auch Bestseller noch weiter melken lassen, indem man sie zu Reihen macht.

Prinzipiell sind auch die Möglichkeiten der digitalen Verbreitung von Content wundervoll: Verkaufen Sie Ihre Bücher als E-Books, haben Sie ein unendlich skalierbares Geschäft, bei dem die Auslieferung kaum Kosten verursacht.

Sicher müssen Sie Ihre Landingpages hosten, aber wenn Sie über einen Multiplikator wie Digistore24 gehen, fallen nur Anteile an, also entstehen Kosten für die Dienstleistung nur dann, wenn Sie etwas verkaufen. Theoretisch können Sie also mit einem Buch reich werden, wenn Sie sich rein auf den Handel mit PDFs oder E-Books in E-Book-Formaten konzentrieren. Der Engpass dabei ist aber, die Käufer zu finden, beziehungsweise: Die Leute müssen Sie finden. Und das ist in der Flut attraktiver digitaler Angebote möglicherweise gar nicht so einfach.

Vorerst jedenfalls empfehle ich Ihnen: Konzentrieren Sie sich auf Ihr Thema und seinen Nutzen für die Menschen. Bauen Sie Ihr Thema stabil auf und entwickeln Sie es perfekt. Denken Sie nicht an sich selbst und Ihren Erfolg, sondern daran, was Sie Ihren Leserinnen und Lesern bringen. Stellen Sie den Gedanken ans Nehmen zurück und geben Sie. Wenn Ihr Buch ein Megaseller wird, können Sie immer noch eine Champagnerflasche köpfen. Zunächst aber ist vor allem eines gefragt: Demut.

Seien Sie demütig statt hochmütig

Damit sind wir bei einem ganz wichtigen Punkt: Schreiben ist einfach nur ein Handwerk. Selbstgerechtigkeit hat da keinen Platz. Es gibt viele Autoren, das Schreiben ist nichts Besonderes mehr. Letztlich ist es ein Beruf wie jeder andere. Und wie in anderen Berufen auch sind Berufsanfänger erst mal aufgeregt und denken, ihr Beruf sei etwas Elitäres.

Aber werden Sie bitte nicht arrogant! Erkennen Sie es einfach als normal an, dass Sie ein Buch schreiben. Nehmen Sie dem Ganzen den Glamour. Da ist kein Glamour. Bei uns in den Dörfern sagen manche Leute, ich sei »Schriftsteller«. Vielleicht ist ein Autor auf dem Land eher etwas Besonderes als in der Stadt? Ich weiß es nicht. Als »Schriftsteller« sehe ich mich jedenfalls nicht: »Schriftsteller« sind für mich Schreiber alten Schlages, die den Anschluss verpasst haben und noch immer glauben, sie müssten mit exaltierter Sprache gefallen und Leser würden andächtig ihre Werke lesen. »Schriftsteller« sind für mich Leute wie Günter Grass und Martin Walser, deren Sprache ich fürchterlich aufgeblasen und entsprechend antiquiert finde. Ich sehe mich als Autor.

Das Schreiben für etwas Besonderes zu halten macht eitel und lähmt den Blick für die Dienstleistung, die das Schreiben in Wahrheit ist. Das Schreiben ist ein Dienst im Sinne von »dienen« – man gibt anderen Menschen etwas. Wer vor lauter Stolz als Autor durch die Welt läuft, übersieht leicht die Bedürfnisse und Ansprüche der Menschen. Schreiben ist ein Dienst an der Öffentlichkeit. Es ist nicht hochmütig, sondern demütig. Versuchen Sie mal, sich diese Haltung anzueignen. Fragen Sie sich nicht: Wie komme ich besonders toll rüber? Mit welchen atemberaubend verschwurbelten Sätzen schinde ich Eindruck? Sondern fragen Sie sich: Wie kann ich meinem Publikum am besten dienen und helfen? Gerade in unserer schnelllebigen Gegenwart mit immer schneller zu konsumierenden Informationen sind Zeit und Aufmerksamkeit wichtigere Währungen als je zuvor. Heute müssen Sie den Menschen kooperativ etwas bieten, wenn Sie wollen, dass man sich Ihnen widmet. Die Zeiten, in denen »der Schriftsteller« an sich bewunderns- wert war, sind dann doch eher vorbei.

Erfahrungen nach elf Büchern

Ich habe bisher elf Bücher herausgebracht, vor Ihnen liegt das zwölfte. Parallel arbeite ich an einem weiteren Buch, von dem ich aber noch nicht weiß, wann es erscheint – es befindet sich noch in der Konzeption.

Meine Bücher sind in klassischen Verlagen erschienen und auch im Selfpublishing – später komme ich zu diesen Verbreitungsmöglichkeiten und beschreibe meine Erfahrungen damit. Dieses Buch hier ist bei Midas erschienen, das ist ein Schweizer Verlag, bei dem auch schon meine Bücher »Das Buch der 1000 Gebote« und »Sind die Medien noch zu retten?« erschienen sind. Einige Bücher habe ich bei anderen Verlagen veröffentlicht, andere wiederum als Projekte im Eigenverlag selbst produziert. Eine generelle Empfehlung pro oder contra Selfpublishing will ich nicht abgeben, denn jedes Buch ist anders. Welche Form für Ihre Buchveröffentlichung die ideale ist, hängt einfach von zu vielen Faktoren ab, um Ihnen pauschal zum Verlag oder zum Selbstverlag zu raten – beispielsweise davon, ob es Ihr Erstlingswerk ist. Um alle diese Fragen geht es in diesem Buch.

Also viel Spaß! Ich wünsche Ihnen viele Erkenntnisse beim Lesen und viel Erfolg bei Ihrem Buchprojekt.

Ihre Expertenpositionierung

Wie Sie sich als Expertin oder Experte positionieren, was eine Positionierung ausmacht und wie Sie daraus eine Absenderkompetenz als Autorin oder Autor ableiten

Immer wieder bekomme ich Anfragen von Menschen, die gemeinsam mit mir ein Buch schreiben möchten. Die Themenvorschläge sind oft sogar ganz brauchbar. Aber zumeist ist meine Reaktion eindeutig: »Schreib das Buch alleine!«

Also, bevor wir zum Thema Positionierung kommen, ganz kurz etwas Fieses: Schreiben Sie Ihr erstes Buch unbedingt alleine. Machen Sie keine Teamarbeit daraus. Einzige Ausnahme: wenn Ihr Thema das Thema eines Teams ist. Das ist aber nur sehr selten wirklich der Fall.

Spätere Bücher können Sie meinetwegen im Team auf den Markt bringen, aber wenn Sie selbst für ein Thema stehen, dann sollte auf jeden Fall Ihr Erstlingswerk Ihr einzigartiges und exklusives Kind sein.

Der Gedanke, sich zusammenzutun, mag naheliegen, aber ich möchte Ihnen dennoch davon abraten. Erstens wird die Arbeit pro Person nicht weniger, sondern erfahrungsgemäß mehr. Und zweitens verwässern Sie sich Ihre Positionierung, wenn da zwei Namen auf dem Cover stehen.

Das sage ich übrigens nicht, weil ich ein unkollegiales

Ekelpaket wäre, das keine Lust hat, an einem gemeinsamen Projekt mitzuwirken; ich sage es, weil die meisten solcher Anfragen von Kolleginnen und Kollegen aus der Trainer- und Rednerszene kommen, die selbst noch kein Buch veröffentlicht haben. Das Problem ist nicht, dass ich mir zu fein wäre als Steigbügelhalter für eine traumhafte Schreiberkarriere; das Problem ist, dass der Gefälligkeitsdienst meinen Koautoren später auf die Füße fallen würde. Für die wäre es nämlich sehr unglücklich, ausgerechnet auf dem Titel ihres Erstlingswerks nur als Koautor zu erscheinen. Bei jedem Seminar und jedem Vortrag würde das Publikum fragen: »Wer ist denn dieser Thilo Baum, der da neben Ihnen als Autor steht?« Und das wäre blöd.

Meine liebe Koautorin oder mein lieber Koautor müsste also eine völlig fremde Figur ins Geschehen einführen und erklären, welchen Beitrag ich zu dem gemeinsamen Buch geleistet habe. Und das, obwohl ich den entsprechenden Vortrag gar nicht gehalten habe und möglicherweise nicht einmal anwesend bin. Wenn Sie Ihr erstes Buch nur als Koautorin oder Koautor schreiben, sind Sie nicht die Hauptfigur. Doch das sollten Sie sein.

Klüger ist es auf jeden Fall, ein Buch alleine zu schreiben. Wenn nur Ihr Name vorne draufsteht, sind Sie die Hauptfigur, und nur Sie grasen die Folgeaufträge ab. Teilen Sie Ihren Erstlingserfolg erst mal mit niemandem. Für Ihre persönliche Positionierung ist es wichtig, dass Sie zunächst einen Platz auf dem Markt mit Ihrem Thema besetzen. Sie brauchen ein Revier, das Sie erst mal nur für sich abstecken.

»Günter, der innere Schweinehund« ist das Revier von Stefan Frädrich, Arzt und Motivationsredner. »Günter« ist allein seine Erfindung. »Komm zum Punkt!«, mein erstes Buch 2009 im Eichborn-Verlag (inzwischen verlege ich es im Selbstverlag, über diese wechselhafte Geschichte später mehr), ist mein Revier, ebenso wie »Mach dein Ding!«, »Das Buch der 1000 Gebote« oder »Schluss mit förmlich!«. Die Bücher mit diesen Titeln sind raus, und damit ist mein Revier abgesteckt. Das bin ich.

Wenn Sie unbedingt mit weiteren Autoren arbeiten wollen, dann können Sie Gastbeiträge einfügen oder Interviews führen. So macht das zum Beispiel mein Freund und Kollege Daniel Fitzke in seinem Buch »PR für Freiberufler«, das 2020 bei GABAL erschienen ist. Der Haupttext dieses Buches – später auch »Fließtext« oder »Lauftext« genannt, das ist quasi die Haupterzählung oder Hauptgeschichte – ist von ihm. »Ausgelagert« – so sagt man, wenn sich Textelemente außerhalb des Haupttextes ansiedeln – sind dann die Beiträge der Koautoren, vom Design beziehungsweise Layout her optisch deutlich vom Haupttext abgehoben, zum Beispiel durch Rahmen oder farblich unterlegt. Die Urheberschaft dieser Experten steht dann auch nur direkt über deren jeweiligen Gastbeiträgen, nicht auf dem Buchcover. Einer dieser Gastbeiträge ist von mir, und für mich bedeutet das wiederum ein bisschen mehr Sichtbarkeit als vorher.

Also. Wer sind Sie? Wofür sind Sie Expertin oder Experte? Welches Revier ist einzigartig und ausschließlich Ihres? Darum geht es jetzt.

Ihre Expertise

Wie schon erwähnt: Eine exotische oder besonders beeindruckende Expertise ist nicht nötig, um ein Buch zu veröffentlichen. Es genügt, wenn Sie etwas wirklich gut können oder sich in einem bestimmten Gebiet wirklich außerordentlich gut auskennen.

Dieses Gebiet kann gerne eine Nische sein, warum nicht? Nehmen wir den Journalisten Hajo Seppelt: Er ist bei der ARD der Experte für Doping. Auch in seinem Wikipedia-Eintrag heißt es: »Er gilt als Experte für die Dopingproblematik im deutschen und internationalen Sport.«[1] Sein 2019 bei Econ erschienenes Buch heißt: »Feinde des Sports. Undercover in der Unterwelt des Spitzensports«.

Der Econ-Verlag arbeitet übrigens immer stärker journalistisch. Zum Beispiel erschien dort im März 2020 das Buch »Stark durch Krisen« des früheren Entführungsopfers Marc Wallert, der als Experte infolge der Corona-Krise medial durch die Decke ging und alleine im »Spiegel«-Heft 12/2020 vier Seiten bekam. Oft ergibt sich aus einem Interesse (Doping) oder auch aus einer Erfahrung (Entführung) eine Expertise, die jemanden öffentlich interessant macht. Es muss kein Studium sein und auch keine herkömmliche Qualifikation, eher im Gegenteil: Die Tatsache, dass jemand Englisch kann oder sich auf Buchhaltung versteht, genügt für ein Buch nicht. Der- oder diejenige sollte

---

[1] https://de.wikipedia.org/wiki/Hajo_Seppelt

darüber hinaus noch eine ganz spezielle, spannende Sicht auf die Dinge haben, die wir noch nicht kennen. Und er oder sie sollte eben gut erzählen können. Dabei geht es nicht ums stumpfe Herbeten von Wissensinhalten, sondern um eine besonders witzige oder spannende Aufbereitung wie zum Beispiel in den »Dummies«-Büchern.

Konzernerfahrung allein genügt nicht

Seit einigen Jahren betreue ich bei der German Speakers Association e.V. (GSA) die Rednerausbildung, die so genannte GSA-Akademie.[2] Meine Aufgabe ist es dabei unter anderem, die Themen, die jemand als angehender Redner oder Rednerin braucht, zu einem Lehrplan zu bündeln.

Dazu brauchen wir Referenten, und zwar gute. Denn es geht bei der Rednerausbildung der GSA nicht nur ums Pauken, sondern das Ganze muss Spaß machen, und der sogenannte GSA-Spirit muss rüberkommen, also dieses wohlwollende, konstruktive Miteinander, für das dieser Verband so bekannt ist. Also ist der Anspruch hoch. Und deswegen haben wir keine drögen Lehrbeauftragten, sondern Profis wie Christian Lindemann vom Cirque du Soleil, der Bühnentraining mit den Teilnehmern macht, oder auch die Regisseure Matthias Messmer und Frank Asmus. Fast alle Referenten der GSA-Akademie sind Mitglieder und Speaker, die ihr Praxiswissen an die Lehrgangsgruppe weitergeben.

---

2 https://germanspeakers.org/gsa-akademie

Dazu kommen PR-Experten wie Petra Spiekermann von PSPR oder auch Chefs von Redneragenturen wie Gerd Kulhavy von »Speakers Excellence«.

Und alle sind in irgendeinem Spezialgebiet Experten. Thorsten Sievert beispielsweise unterrichtet Humortechniken. Der Mann hat seine Genialität als Regisseur und Produzent bei RTL und anderen Sendern bewiesen und zahlreiche Comedypreise eingeheimst.

Die Bewerber für unsere Rednerausbildung kommen mit den unterschiedlichsten Hintergründen daher. Der Klassiker ist jemand, der bisher in einem Konzern im mittleren Management war und jetzt Speaker werden will. Das ist schon anspruchsvoll, weil es hier zuallererst um einen Shift im Denken geht – weg vom Funktionieren in einem laufenden System, in dem Fehlentscheidungen oft keine Folgen haben, hin zu einem selbstbestimmten Leben als Selbstständige/-r oder Unternehmer/-in. Im Konzernjob haben sich viele dieser Bewerber mit ihrer Position gefallen, der Ruhm der Marke hat auf sie abgestrahlt. Mit Beginn der Selbstständigkeit aber ist die Zeit bei BMW, Procter & Gamble oder Unilever plötzlich nur noch eine Episode in der Biografie, die ruhmreiche E-Mail-Adresse ist gesperrt, und man steht nur noch für sich selbst. Diesen Verlust von Renommee und die Tatsache, plötzlich vollkommen auf sich allein gestellt zu sein, macht es vielen früheren Mittelmanagern schwer.

Typisch sind dann auch die Themenvorschläge: Da hat jemand im Konzern Erfahrungen mit schlechten Prozessen gemacht und weiß es jetzt besser – und dabei ist seine Kritik gar nicht mal unangebracht, aber für eine Expertise fehlt noch die entsprechende Wucht. Nur weil jemand eine Erfahrung gemacht hat, die Zigtausende ebenfalls machen, qualifiziert ihn oder sie das nicht zum Buchautor. Die Relevanz ist einfach nicht gegeben. Es sei denn, er oder sie findet einen ganz spezifischen, spannenden Zugang zum Thema.

Natürlich können Sie mit entsprechender Marketinggewalt auch nichtigste Themen in die Öffentlichkeit blasen, und natürlich können Sie auch über ein Nullthema ein Buch schreiben. Keine Frage, das geht – die zahlreichen schlechten Bücher in der Ratgeberszene belegen das. Aber wenn es um die GSA-Akademie geht, legen wir schon sehr viel Wert auf Relevanz. Weder das Publikum bei einer Speech noch die Leser eines Buches haben Zeit für heiße Luft; sondern in der öffentlichen Kommunikation ist Relevanz gefragt.

Zugleich aber ist es wirklich kein Hexenwerk. Stellen Sie sich zum Beispiel einen Touristiker vor, nehmen wir eine Pension in der Rhön. Dieser Touristiker kann einen Fotoband mit Rhön-Fotos herausbringen, in dem zu jedem Foto ein schlauer Spruch steht. Oder einen regelmäßigen Rhön-Kalender. Auch ein Interviewbuch ist denkbar – mit Interviews lokaler Persönlichkeiten und entsprechenden Fotos. Schon ist so ein Buch möglicherweise ein Stück Verkaufsförderung für die Pension.

Der Touristiker kann sich auch eine spezielle Zielgruppe aussuchen, zum Beispiel spirituell angehauchte Menschen, die sich für die zahlreichen »Kraftorte« in der Rhön und für die alten Keltensiedlungen dort interessieren. Für diese Menschen könnte er Ratgeber herausbringen. Relevanz ist sehr oft gegeben, man muss sie nur erkennen.

Um eine Expertise auf die Beine zu stellen, bedarf es also vielmehr einer gewissen Kreativität und auch einer guten Portion Eigensinn als einer formalen Qualifikation. Die formale Qualifikation kann sinnvoll sein, vor allem in zugangsbeschränkten Berufen wie Arzt oder Jurist – wir wollen kein politisches Sachbuch über Justizirrtümer von jemandem lesen, der Geschichtelehrer ist und kein Jurist. Auch der Bestseller »Darm mit Charme« von Giulia Enders braucht am Ende die Medizin als Absenderkompetenz der Autorin, auch wenn das Buch bereits in ihrer Studienzeit zum Toptitel wurde. Zugrunde lag ihm übrigens ein Preis beim Science-Slam, den Giulia Enders für einen Vortrag bekommen hat – erst dadurch ergab sich die Chance für ein Buch. Entsprechend war schon ausreichend Öffentlichkeit da. Ohne die Vorgeschichte hätte das Buch auch in der Masse anderer Bücher untergehen können, obwohl es genauso gut gewesen wäre wie mit dieser Vorgeschichte.

Meine Expertise ist übrigens völlig simpel: Ich habe in meiner Journalistenausbildung eine Journalistenschule besucht, später dort auch unterrichtet, und ich verstehe mich auf Sprache. Ich bin Experte für klare Kommunikation, was ich in zahlreichen Seminaren und Vorträgen beweise. Meine Einsätze in Unternehmen sensibilisieren die Mitarbeiter dort für Sprache und vermitteln zahlreiche Tricks, die Sprache einfacher machen. Das ist meine Expertise.

Welche Expertise haben Sie? Worin genau sind Sie besonders? Also: Was können Sie besonders gut oder welche spannenden und einzigartigen Thesen vertreten Sie?

Ihre Positionierung

Zum Thema Positionierung gibt es viele gute Bücher und auch Lernvideos. Am besten finde ich das Positionierungsbootcamp von Stefan Frädrich, das Sie bei Gedankentanken finden – einen Eindruck bekommen Sie schon bei Youtube.[3]

Eine Positionierung ist letztlich eine Definition. Meist geht es darin um den Nutzen, den Sie bringen – ob Sie mit Ihren Inhalten einzelnen Menschen helfen oder Unternehmen. Sie definieren in Ihrer Positionierung zum Beispiel:

- Welchen Schmerz lindern Sie? Menschen und Unternehmen haben Probleme und Aufgaben. Wofür bieten Sie die Lösung?
- Worin besteht Ihre Lösung? Was tun Sie genau?
- Warum sind Sie dafür der oder die Richtige? Was macht Sie dafür kompetent?
- Wie geht es Ihrem Kunden, wenn Sie Ihre Arbeit getan haben?
- Warum tun Sie, was Sie tun? Was treibt Sie an?

In meinem Fall könnte ich die Fragen so beantworten:

---

[3] https://www.youtube.com/watch?v=pcUZoPuBULA

- Unternehmen leiden unter überkomplizierter Kommunikation. Die vereinfache ich.
- Das tue ich, indem ich in Form von Vorträgen und Seminaren Regeln für klare Sprache vermittle.
- Meine Absenderkompetenz ist der Journalismus, ich habe eine Zeitlang Seite 1 beim Boulevard gemacht.
- Nach meinen Einsätzen ist die Unternehmenskommunikation schneller, einfacher und klarer.
- Mein Warum ist die Liebe zur Sprache und zur prägnanten Formulierung.

Interessant ist es jetzt, wenn Sie gar kein Problem lösen, sondern eher mit Thesen überzeugen. Und hier sollten Sie überlegen, worauf Ihre Expertise hinausläuft. Wenn Sie einen Schmerz lindern und einen Nutzen bieten, werden Sie vermutlich einen Ratgeber schreiben. Vertreten Sie dagegen eine These, dürfte eher ein Sachbuch geeignet sein.

Auf den Unterschied zwischen Sachbuch und Ratgeber gehen wir gleich noch ein, und wir sprechen auch noch darüber, inwieweit der Ratgeber dem Fachvortrag zugeordnet ist und das Sachbuch dem Impulsvortrag. All diese Feinheiten besprechen wir noch. Jetzt aber geht es erst einmal darum, dass Sie sich darüber klarwerden, ob Sie eher einen Nutzen vermitteln oder eher Thesen.

Wenn Ihr Thema aus Thesen besteht, stellen sich die folgenden Fragen nach Ihrer Positionierung:

- Wie lautet Ihre These? Was braucht die Menschheit unbedingt, was sollen wir unbedingt tun?
- Warum meinen Sie das? Was hat Sie dazu gebracht, das zu meinen?
- Was wäre der Sinn oder Nutzen, wenn die Menschen Ihrer Idee folgen würden?
- Welchen Hintergrund haben Sie? Was haben Sie erlebt oder auf die Beine gestellt, was Ihr Publikum dazu bringt, ausgerechnet Ihnen zuzuhören?

Sie sehen: Weite Teile von Politik, Gesellschaft und Wirtschaft siedeln sich in diesem Bereich an. Wenn Sie Greta Thunberg zuhören, dann haben Sie es nicht mit einem Ratgeberthema zu tun – schließlich erklärt uns Greta nicht, wie wir an der Heizung sparen, sondern sie appelliert an uns (»How dare you?«, »I want you to panic«). Folgerichtig sind die Titel ihrer Bücher von 2019 »No One is Too Small to Make a Difference« und »Ich will, dass ihr in Panik geratet! Meine Reden zum Klimaschutz«. Und das sind Sachbücher, schon am Titel zu erkennen.

Greta Thunberg ist übrigens ein schönes Beispiel dafür, dass Sie auch ohne Expertise Bücher veröffentlichen können. Ganz gleich, ob Greta Thunberg ein PR-Geschöpf ist oder nicht und ob wir ihrer Meinung sind: Ihre Erscheinung macht sie zu einer Figur, die für viele Menschen relevant ist. Und sie hat die Aufmerksamkeit der breiten Öffentlichkeit auf das Thema Klimaschutz gelenkt, was sicher wichtig war.

Bringen Sie Ihre Botschaft auf den Punkt!

Wenn Sie nun wissen, ob Ihre Aussage eher in Richtung Nutzen geht oder in Richtung These, sollten Sie Ihre Kernaussagen auf den Punkt bringen. Wenn es hier in der Überschrift heißt: »Bringen Sie Ihre Botschaft auf den Punkt!«, dann meine ich damit, dass Sie am Ende eine Hauptbotschaft haben, die über allem steht. Es geht darum, Ihren Content zusammenzufassen und in aller Kürze darzustellen. Es ist eine Art »Elevator Pitch«, bei dem Sie im Aufzug rasch mitteilen, was Sie tun oder anbieten.

Ein Kollege, der das perfektioniert hinbekommt, ist der bereits erwähnte Regisseur Frank Asmus. Er arbeitet eng mit Apple zusammen, und ein Kern seiner Vorträge ist die Struktur der Präsentationen von Apple-Gründer Steve Jobs. Sie finden Frank Asmus ebenfalls bei Gedankentanken, das Video dürfte bald online sein (Stand März 2020).

Frank Asmus leitet seine Struktur aus der Trias des griechischen Theaters ab, aus der auch Hollywood seine Standarddramaturgie ableitet: Die meisten Filme bestehen aus der Exposition, der Konfrontation und der Auflösung – am Anfang werden die Figuren und ihre Motive klar, dann kommt der Konflikt, und der geht irgendwie aus. Über allem steht eine Hauptbotschaft, zum Beispiel »Das Gute siegt« bei den klassischen James-Bond-Filmen.

Dieses Konzept überträgt Frank Asmus auf die Rede: Eine Rede kann drei Hauptbotschaften enthalten (»Key Messages«), und darüber steht eine Kernbotschaft (»Core

Message«). Am Beispiel von Steve Jobs' Präsentation des ersten iPhones[4] finden wir folgende drei Hauptbotschaften:

- Es geht um einen iPod mit Touch-Control.
- Es geht um ein revolutionäres Telefon.
- Es geht um einen mobilen Internet-Communicator.

All das zusammen in einem Gerät ergab die Kernbotschaft. Die »Core Message« über diesen Hauptbotschaften lautete:

- Apple erfindet das Telefon neu.

Ganz egal, ob Sie einen Vortrag planen oder ein Buch: Ihre Kernbotschaften sollten Sie unbedingt treffend formulieren – unabhängig davon, ob Sie mit Ihrem Buch in die Richtung »Nutzen/Ratgeber« oder »These/Sachbuch« gehen. Natürlich müssen Sie sich nicht sklavisch an die Dreierstruktur halten, aber sie eignet sich eben sehr gut für den Aufbau.

Öffentliche Relevanz

Letztlich geht es darum, öffentliche Relevanz zu erzeugen. Ich füge absichtlich das Adjektiv »öffentlich« hinzu, weil es natürlich auch eine private Relevanz gibt. Um die geht es beim Bücherschreiben aber nicht. Was ist der Unterschied?

Privat ist in der Kommunikation eine Situation, in der

[4] https://www.youtube.com/watch?v=vN4U5FqrOdQ

Sie Ihre Empfänger kennen. Sie kommunizieren also mit einem Publikum, dessen interne Codes und dessen Humor Sie möglicherweise kennen – eine völlig andere Situation als die öffentliche Kommunikation, bei der Sie Ihre Empfänger nicht kennen. Der Anspruch ist jetzt, dass Ihr Nutzen oder Ihre These für ein unbekanntes Publikum relevant ist, zum Beispiel für Motorradfahrer oder Führungskräfte.

Relevant ist eine Information,

- wenn sie die Menschen berührt, also konkret mit ihrem Leben zu hat, wenn sie
- wenn sie neu ist für die Menschen, an die sie sich richtet und
- wenn Ihre Stimme zu dem Thema Gewicht hat.

Greta Thunbergs Botschaft »I want you to panic« ist im Grunde nicht relevant, niemand müsste darauf hören. Aber da Medien und auch Gremien wie die UNO die Bedeutung des Mädchens nahezu ohne Ende hochgejazzt haben, hat ihre Stimme Gewicht. Zugleich berührt Greta Thunbergs Botschaft »I want you to panic« die Menschen, weil es für alle eine Bedeutung hat, wenn plötzlich ganze Industriezweige ins Wanken geraten – wie sich das anfühlt, hat ja die Coronakrise gezeigt.

Es gibt immer wieder derart charismatische Figuren, deren Stimme Gewicht hat, nur weil sie die Figuren sind, die sie eben sind – ob es dabei um Rudi Dutschke geht, um Ulrike Meinhof oder auch um den Influencer Rezo.

Gerade in der Politik sehen Sie, dass die stärksten Kernbotschaften durchweg sehr einfach sind: »Freiheit statt Sozialismus«, »Stoppt Strauß«, »Stasi raus«, »Wir sind das Volk«, »Wir sind ein Volk«, »Die Mauer muss weg«, »Merkel muss weg« – kaum einer dieser Sprüche besteht aus mehr als drei oder vier Wörtern. »Apple reinvents the phone« – vier Wörter. Alle diese Sprüche waren oder sind öffentlich relevant, gehen also über das Private weit hinaus.

Gelingt es Ihnen, Ihre Kernbotschaft in drei oder vier Wörtern auf den Punkt zu bringen und zugleich damit öffentliche Relevanz herzustellen? Das ist die Kunst.

Ja, ich weiß: Möglicherweise nerve ich Sie mit solchen Überlegungen, wo es doch darum geht, dass Sie Ihr Buch schreiben. Aber glauben Sie mir: Wenn Sie sich diese Vorgedanken nicht machen, leidet Ihr Thema später an Substanz, und Ihnen fehlt möglicherweise die nötige Klarheit über Ihr Buch. Später werde ich Sie auch bitten, erst ein Exposé zu schreiben, obwohl Sie doch so gerne losschreiben wollen. Aber auch hier bitte ich Sie zu verstehen: Es ist wichtig, dass Sie den Fokus Ihres Buches scharfstellen.

Kennen Sie Ihre Leser?

Die nächste Frage ist dann auch gleich: Kennen Sie Ihre Leser? Ich weiß, ich habe geschrieben: In der öffentlichen Kommunikation kennen wir unseren Adressaten nicht. Ich meine damit: Wir kennen ihn nicht persönlich. Aber sobald ein Unternehmen seine Zielgruppe kennt, weiß es schon, an wen es sich richtet, auch wenn es nicht jeden einzelnen Kunden persönlich kennt.

Darum möchte ich Sie mit einer banalen, geradezu profanen Frage belästigen: Wer soll das Zeug lesen, das Sie schreiben? Und schwups, schon sind wir beim wesentlichen Punkt. Was Sie texten und formulieren, ist nämlich nicht für Sie gedacht, sondern für andere. Ihre Gedanken sollen nicht in Ihrem Kopf Kreise ziehen, sondern sie sollen in den Köpfen anderer Menschen landen.

Vielen Möchtegern-Autoren ist das völlig unbegreiflich. Sie denken, sie fänden in ihren Texten einen Ausdruck ihres Wesens und würden sich darin selbst verwirklichen. Das ist ungefähr genauso egozentrisch gedacht, wie wenn ein Bäcker ohne Kunden Brote backt, weil er darin seine Erfüllung findet. Vermutlich wäre dieser Bäcker sogar ein Fall für die Psychiatrie. Bei Autoren hingegen denkt alle Welt, es sei normal, dass sie Künstler sind, die nur um sich selbst kreisen und sich nicht um ihre Leser kümmern. Sogar ihre Traumata meinen manche Leute durchs Schreiben zu heilen.

Sicher können Sie sich mit dem Schreiben selbst verwirklichen und sich mit wenigen Lesern zufriedengeben. Nur zu! Aber dann stellt sich die Sinnfrage. Weder tragen Sie damit wesentlich zum Lauf der Welt bei noch verdienen Sie damit Geld. Wozu also alles? Wenn Schreiben für Sie ichbezogene Kunst ist, dann brauchen Sie auch keinen Ratgeber wie diesen. Schreiben Sie munter weiter Briefe an sich selbst! Ironie beiseite: Das Handwerk des Schreibens ist ein dienendes Handwerk. Am besten legen Sie sich keine arrogante Attitüde zu.

»Ja, aber es gibt doch auch l'art pour l'art«, tönt es aus der Ja-aber-Fraktion. Sicher gibt es Kunst um der Kunst willen. Es gibt sehr viel auf dieser großen Welt. Es gibt tolle Werke, rein zum Vergnügen und zum Genuss. Aber selbst ein seichter Stoff wie »Die Zauberflöte« von Mozart (der Text stammt ja von Emanuel Schikaneder) gewinnt die Herzen und ist damit nicht mehr nur für sich selbst da. »Die Zauberflöte« spricht die Leute an und erzählt eine Geschichte. Die Menschen fiebern mit Papageno mit.

Was Menschen berührt, ist nicht mehr Kunst um ihrer selbst willen. Wie viele intellektuell anspruchslose Filme und Songs gibt es, die die Menschen in ihren Bann ziehen! Und nur weil manche Werke manchen Geisteswissenschaftlern anspruchslos erscheinen, sind sie nicht belanglos – schon gar nicht, wenn sie ein Publikum finden.

Und bitte: Tilgen Sie aus Ihrem Kopf auch die unselige Unterscheidung zwischen »U« und »E«, die Unterscheidung zwischen Unterhaltung und Ernst. Populäre Musik und Literatur galten lange Zeit als »U« und damit als weniger wert. Richard Strauß' Kunstlieder dagegen und hochkomplexe Opern galten als »E« und erstrebenswert. Aber welche Gattung macht wohl mehr Umsatz? Zumal der höhere Anspruch oft auch nicht der ist, einen komplexen Stoff zusammenzuzimmern, an dem wir uns das Gehirn verknoten. Der höhere Anspruch ist es meist, eine einfache, klare Geschichte zu erzählen. In der Businessliteratur ist es der Anspruch, einen

Zusammenhang so glasklar darzustellen, dass ihn alle auf Anhieb verstehen. Es geht nicht darum, dass Sie schreiben. Es geht darum, dass jemand etwas versteht.

Sie schreiben nicht für sich selbst

Bitte vergessen Sie auch den Gedanken, Schreiben sei etwas Therapeutisches. Also gut: Vielleicht hat das Schreiben in dem ein oder anderen Fall etwas Therapeutisches. Nur frage ich in so einem Fall: Wieso sollte jemand mit den Ergebnissen seiner Selbsttherapie die Öffentlichkeit behelligen? Bitte verstehen Sie mich nicht falsch: Vielleicht male ich zum Frustabbau auch Leinwände mit Ölfarben voll, kann ja sein. Aber ich bringe die Ergebnisse dann nicht auf den Kunstmarkt und bezeichne mich auch nicht als Kunstmaler.

Für wen also schreiben Sie? Sie schreiben nicht für sich selbst der Ihre Freunde (das wäre eine private Zielgruppe), sondern für Ihre Leserinnen und Leser, die Sie nicht kennen – vielleicht ja für Ihre Kunden. Die Zielgruppe dieses Buches hier ist klar: Es sind Menschen, die auf dem Ratgeber- und Sachbuchmarkt ein Buch veröffentlichen und damit erfolgreich sein wollen. Ich kenne Sie, der oder die Sie hier diese Zeilen gerade lesen, möglicherweise nicht persönlich, aber ich weiß über Sie, dass Sie Autorin oder Autor werden wollen. Vielleicht haben Sie ja auch schon Bücher veröffentlicht, das ist denkbar, aber nicht unbedingt nötig. Also schreibe ich Dinge, von denen ich vermute und hoffe, dass Sie damit etwas anfangen können auf Ihrem Weg zum Buchautor oder zur Autorin.

Und wer sind Ihre Leser? Wer interessiert sich für Ihr Buch? Damit Sie sich darüber klarwerden können, ist der Ausflug über die Expertise und die Positionierung so wichtig. Ihnen sollte sonnenklar sein, an wen Sie sich richten.

Es muss nicht umständlich oder kompliziert sein, eine solche Zielgruppe zu beschreiben. Sind Sie Tierarzt und treten für eine Hundeerziehung ohne Zwang und Strafen ein? Dann sind Hundebesitzer Ihre Zielgruppe, das war's. Meinetwegen Hundebesitzer, die deutsch verstehen, solange es Ihr Buch nur auf dem deutschsprachigen Markt gibt. Aber es wäre Quatsch, die Zielgruppe künstlich zu verengen, indem Sie beispielsweise nur von Schäferhunden sprechen. Für diese Einschränkung gibt es keinen sinnvollen Grund – also lautet Ihre Zielgruppe einfach und klar »Hundebesitzer«. Diese Zielgruppe ist mit wenigen Worten definiert und zugleich riesengroß.

Noch einmal: Wer hat etwas von dem, was Sie bieten? Wem dient Ihr Nutzen, wer reibt sich an Ihrer These? Überlegen Sie genau, welche Eigenschaften Ihre Leser haben. Sind sie übergewichtig? Sind sie angestellt? Sind es Marketingleute? Sind es ausschließlich Frauen? Hilft Ihr Input Häuslebauern?

Meine Zielgruppe mit dem Buch »Komm zum Punkt!« sind alle im deutschsprachigen Raum, die geschäftlich kommunizieren – ob intern, extern, schriftlich oder mündlich. Mit meinen Seminaren und Vorträgen richte ich mich an Führungskräfte, die unter der oft unklaren Kommunikation ihres jeweiligen Unternehmens leiden. Diese Menschen brauchen Hilfe, um ihre Mitarbeiter zu einer klaren und einfachen Sprache zu bringen. »Schluss mit förmlich!« richtet sich darüber hinaus an Top-Level-Manager, die einen Einfluss auf die grundlegende Ausrichtung ihrer Unternehmenskommunikation, auf das Leitbild und die Markenidentität des Unternehmens haben.

An wen richten Sie sich?

Geheimtipp Buchmesse

Lassen Sie mich Ihnen übrigens gleich zu Beginn einen Tipp geben: Besuchen Sie bei der Frankfurter Buchmesse unbedingt die Stände der US-Verlage. Planen Sie ruhig einen kompletten Tag dafür ein. Sie werden dort mehrere spannende Dinge finden, wenn Sie die Augen aufmachen.

Einmal finden Sie die Neuerscheinungen aus Amerika, die mit Sicherheit zu einem großen Teil in einem oder zwei Jahren im deutschsprachigen Raum als Übersetzungen erscheinen werden. Das bedeutet: Die Stände der US-Verlage sind die Stände der Trendsetter. Zahlreiche Businessthemen waren erst in den USA aktuell und kamen dann mit Verzögerung auf den deutschsprachigen Markt – denken Sie an Stephen R. Covey und seinen Buchtitel »Die sieben Wege zur Effektivität«, 2005 bei GABAL erstmals auf Deutsch erschienen und ein Jahr zuvor, 2004, in der FranklinCovey Company in den USA. Auch Bücher von Brian Tracy und vielen anderen Autoren finden Sie auf der Buchmesse. Und Sie können davon ausgehen, dass Sie diese Bücher ein bis zwei Jahre später auf dem deutschsprachigen Buchmarkt finden werden.

Am Bespiel von Stephen R. Covey sehen Sie auch, dass die Amerikaner oftmals von Anfang an groß denken. Viele bringen ihre Bücher in ihren eigenen Unternehmen heraus, und so ist zum Beispiel ein Weiterbildungsunternehmen zugleich ein Buchverlag. Warum nicht?

Also durchstöbern Sie alle Regale und schauen Sie mal, welche spannenden Themen heute in den USA aufkommen, die möglicherweise morgen bei uns laufen. Natürlich sollen Sie keine Ideen klauen oder Titel kopieren, aber für Ihre Inspiration ist der Besuch der US-Verlage Gold wert.

Natürlich können Sie auch bei Barnes & Noble schauen, welche Buchtitel dort gerade on top sind. Das geht im Internet[5] und noch besser in den Läden in Manhattan (33 E 17th Street, 555 5th Avenue und 2289 Broadway). Aber das einfachste und beste Bild der amerikanischen Business-Neuerscheinungen erhalten Sie für meine Begriffe immer noch auf der Frankfurter Buchmesse.

Das Zweite, was Sie dort sehen, wenn Sie eine gute Wahrnehmung haben, sind Gespräche zwischen Verlagen aus den USA und europäischen Einkäufern. Auch deutschsprachige Verlage schauen, was jetzt in den USA Trend ist.

---

[5] https://www.barnesandnoble.com/

Das heißt für Sie: Sie begegnen hier Entscheidern. Natürlich sollen Sie sich nicht in Gespräche einmischen, aber halten Sie die Augen offen. Schauen Sie, wer mit wem am Tisch sitzt. Spitzen Sie die Ohren, und Sie haben möglicherweise rasch einen Verlagsmenschen vor sich, der Themen sucht. Dass Sie mit ihm später ins Gespräch kommen, ist absolut kein Konventionsbruch – dazu sind Messen da. Sie sollten nur niemanden stalken.

Dass man auf der Frankfurter Buchmesse keine Verlage für Themen gewinnen kann, ist im Übrigen schlichtweg eine Legende. Immerhin eine kluge Legende, denn so halten sich die Verlagsprofis die Fachbesuchertage einigermaßen frei von Spinnern. Und Spinner gibt es viele – das merken Sie besonders deutlich an den Publikumstagen, wenn die üblichen gesetzten Herren im Anorak Papierstapel aus ihrem Rucksack ziehen und sie hilflosen Messestandhostessen in die Hand drücken. Vor dieser Krauter-Liga wollen sich die Profis schützen. Und weil die Krauter inzwischen oft auch bei den Fachbesuchertagen zugegen sind, ist die Legende hilfreich, dass die Buchmesse Autoren nichts bringt.

Unter Profis aber lassen sich natürlich Kontakte knüpfen: Bei der Frankfurter Buchmesse habe ich beispielsweise den Kontakt zu einem Verlag geknüpft, der sich für unser Buchprojekt »Die Bildungslücke« interessiert hat. Später erschien das Buch zwar woanders, aber die Buchmesse war der entscheidende Berührungspunkt zu einem Verlagsprofi, mit dem es später einige Treffen und Gespräche gab.

Ihr Buch-Genre

Über Sachbuch, Fachbuch und Ratgeber, die Unterschiede dazwischen – und noch kurz über Geschenkbücher und die fiktionale Literatur

Lassen Sie mich jetzt ein wenig über die Genres sprechen, die es auf dem Buchmarkt gibt. Es gibt sehr viele Genres, aber ich denke mal, dass wir hier weder über Gedichtbände sprechen noch über Lexika und dramatische Werke.

Die wesentlichen Buch-Genres sind am Ende dann doch das Sachbuch und der Ratgeber. Trotzdem beschreibe ich Ihnen zwischen beiden noch das Fachbuch, weil es viele Leute mit dem Sachbuch verwechseln. Außerdem rege ich an, über ein Geschenkbuch nachzudenken, und wir streifen dann noch kurz die Belletristik, also fiktionale Formate.

In welchem Regal wird Ihr Buch stehen?

Die Abgrenzung zwischen Genres ist enorm wichtig. Es ist wirklich elementar, dass Sie sich für ein Genre entscheiden, und zwar glasklar und ohne Zwischending. Das hat einen simplen Grund: Wo soll der Buchhandel Ihr Buch einsortieren, wenn unklar ist, ob es sich um ein Sachbuch oder um einen Ratgeber handelt? Und auch innerhalb der Genres ist die Einordnung wichtig: Steht Ihr Sachbuch unter »Politik und Gesellschaft« oder unter »Medizin«? Steht Ihr Ratgeber unter »Wirtschaft« oder unter »Lebenshilfe«? Steht Ihr Roman unter »Fantasy« oder unter »Science Fiction«?

Am besten besuchen Sie mal eine große Buchhandlung – ich empfehle Hugendubel, Thalia oder auch das Kulturkaufhaus von Dussmann in Berlin an der Friedrichstraße. Schauen Sie sich den gesamten Laden an und achten Sie mal erst mal auf den Aufbau. Welche Genres stehen wo? Welche Titel liegen direkt am Eingang im direkten Blick des Kunden? Welche Titel liegen an der Kasse?

Und dann suchen Sie Ihr Buch. Ich weiß, es ist noch nicht gedruckt. Das macht aber nichts. Stellen Sie sich vor, Sie suchen nach Ihrem Thema. Wo würden Sie suchen? So lernen Sie die Kategorien kennen, nach denen der Buchhandel seine Produkte einsortiert. Vielleicht wird Ihnen bei dieser Übung noch einmal klar, wie wesentlich die klare Eingrenzung Ihres Themas ist und wie unverzichtbar es ist, dass Sie Ihre Hauptbotschaften auf den Punkt bringen. Ihr Buch muss klar zugeordnet sein, sonst tun sich der Handel und auch die Presse damit schwer.

Diese Übung rate ich übrigens auch Leuten, die mit unklaren Buchideen auf mich zukommen. Der Klassiker ist wie gesagt das mittlere Management: Jemand kommt mit seinen Erfahrungen aus dem Konzern auf mich zu und bittet um Hilfe bei der Buchkonzeption. Dann höre ich mir zum Beispiel ein komplexes Buchkonzept an zum Thema Digitalisierung. Alles klingt nach Sachbuch: Die Digitalisierung mit ihren Eigenarten ist nicht so schlimm, wie viele denken, sie ist aber auch nicht der Heilsbringer, wie andere denken. Das Buch will die Sicht auf die Digitalisierung geraderücken. Was für ein Genre ist das? Ein Sachbuch, weil es eine Position vertritt. Dann aber will der Autor Listen und Tabellen einbauen, damit der Leser für sich selbst die richtigen Schritte ableiten kann, was jetzt zu tun ist. Und damit sind wir beim Ratgeber. Für den Handel wäre es schon sehr schwer, dieses Buch zu platzieren.

Auch für die Autoren ist es dann oft schwerer, sich zu fokussieren. Ich will nicht sagen, dass es keine Mischungen aus Genres gibt, und vielleicht ist so ein Mix auch mal erfolgreich. Aber bevor der Meister die Form bricht, sollte er das kleine Einmaleins beherrschen – so konservativ denke jedenfalls ich. Und darum rate ich Autoren, sich klar für ein Genre zu entscheiden – und damit klar gegen alle anderen.

Das Sachbuch

Das Sachbuch ist das attraktivste Genre, finde ich, wenn es um die nichtfiktionale Literatur geht. In einem Sachbuch vertreten Sie Thesen, Sie zeigen eine bestimmte Haltung. Als Sachbuchautorin oder -autor vertreten Sie Ihre Meinung und lehnen sich damit aus dem Fenster, wohl wissend, dass Sie möglicherweise Gegenwind bekommen.

Das Sachbuch ist mit dem Journalismus verwandt, weil es um Recherchen geht, also um Fakten und Informationen, die Sie zusammentragen. Und was Sie zusammentragen, stützt eben Ihre These. Ihre Leserinnen und Leser bilden sich also anhand der Fakten und Ihrer Haltung dazu selbst eine Meinung – und sie stimmen Ihnen zu oder auch nicht.

Wie kontrovers Sachbücher sein können, zeigt wohl am besten Thilo Sarrazin – wegen seines Buches »Feindliche Übernahme« über den Islam will die SPD ihn aus der Partei ausschließen. Der Konflikt ist atemberaubend, und dabei spielt es gar keine Rolle, ob Sie jetzt pro oder contra Sarrazin eingestellt sind: Allein die Tatsache, dass über seine Bücher öffentlicher Streit entsteht, ist ein Indiz für die äußerste Wirksamkeit von Sachbüchern, wenn man sie richtig positioniert. Welche Absenderkompetenz hat Thilo Sarrazin? Er war Chef der Bundesbank und Finanzsenator in Berlin. Aus diesem Hintergrund heraus hat er erst das Euro-kritische Buch »Europa braucht den Euro nicht« geschrieben (2012) und sich dann auf die Themen der politischen Korrektheit und der Islamkritik fokussiert. Sarrazins Buch »Feindliche Übernahme« über den Islam – erschienen im »FinanzBuch Verlag« – war dabei so erfolgreich, dass der Piper-Verlag einen Spoof herausgebracht hat, also eine Parodie: »Freundliche Übergabe« einer Autorin namens »Sara Zinn« mit dem Untertitel »Wie Vorurteile den Fortschritt behindern und unsere Gesellschaft bedrohen«. So wirkmächtig können Sachbücher sein.

Oder nehmen Sie Rolf Bossi, der im Jahr 2015 gestorben ist. Sein Buch heißt: »Halbgötter in Schwarz«, was eine wundervolle Ableitung der Ärzte-Metapher »Halbgötter in

Weiß« ist, die sich jetzt auf Juristen bezieht. »Deutschlands Justiz am Pranger«, lautet die Unterüberschrift. Seine Absenderkompetenz: Er war Strafverteidiger. Verstehen Sie? Er war nicht Präsident des Bundesverfassungsgerichts oder Vorsitzender des Richterbundes, er war einfach Anwalt. Aber er hat sich eben sichtbar gemacht und mitgemischt, wo es ging.

Ein gemeinsames Sachbuch zweier Juristen ist »Privat war gestern« – die Autoren Christian Schertz und Dominik Höch sitzen beide in Berlin, und jeder von ihnen hat eine Kanzlei, in der es vorrangig um Verletzungen des Persönlichkeitsrechts durch Medien geht. Die These wird durch die Unterüberschrift klar: »Wie Medien und Internet unsere Werte zerstören«. Dem kann man zustimmen oder es zu pessimistisch finden – das ist egal, denn darum geht es nicht. Worum es geht, ist, dass das Thema gesetzt ist.

Dann gibt es natürlich auch sehr kurzlebige Sachbücher, die sich auf ein bestimmtes aktuelles Ereignis beziehen – zum Beispiel »Der Schock« von Alice Schwarzer über die Kölner Silvesternacht 2015/2016. Gerade mal ein Vierteljahr nach der berüchtigten Silvesternacht war das Buch auf dem Markt – mit zahlreichen Gastbeiträgen über moslemische Zuwanderer und ihre Weltbilder. Heute, im Jahr 2020, ist das Thema Silvesternacht zwar immer noch interessant, aber relevant im Sinne von »neu« ist es nicht mehr. Liegt ein Ereignis zu lange zurück, ist das Thema durch. Wir können außerdem nicht zur Fußball-Weltmeisterschaft 2022 das große Buch planen und erst bei der WM mit dem

Recherchieren anfangen – das wird zeitlich nicht hinhauen.

Sie sehen schon ein Wesensmerkmal des Sachbuches: Es ist relativ kurzlebig. »Deutschland schafft sich ab« von Sarrazin ist thematisch durch, selbst wenn heute viele im Rückblick meinen, viele seiner Prognosen seien eingetreten, und auch wenn das viele aktuelle oder frühere Sozialdemokraten sagen.

Ein weiteres schönes Sachbuch stammt von Reinhold Messner und heißt einfach nur »Wild«. Es geht auf den ersten Blick um Wildnis, aber auf den zweiten Blick um den Antarktisforscher Frank Wild und seine Reise ab 1914 Richtung Südpol. Qua seiner Erfahrung als Bergsteiger könnte Reinhold Messner auch einen Ratgeber schreiben in der Art »Aufs Matterhorn in fünf Schritten«, aber das tut er nicht. Er ist nicht als Fachvortragender positioniert, sondern als Keynotespeaker. Genau darum publiziert er keine Ratgeber über die passenden Socken, Schlafsäcke und Klettertechniken, sondern eben Sachbücher wie »Mein Schlüsselberg: Nanga Parbat«.

Das Fachbuch

Das Fachbuch hat da einen völlig anderen Charakter. Im Grunde lassen sich Sach- und Fachbuch gar nicht verwechseln, mal von einer undeutlichen Schreibweise des ersten Buchstabens abgesehen. Ein Fachbuch vertritt keine These, keine Position, oder sagen wir: Es vertritt sie nicht primär.

Es mag sein, dass ein Fachbuch eine Lehrmeinung vertritt, aber es geht ihm nicht darum zu überzeugen. Der Autor eines Fachbuches will ein Standardwerk auf den Markt bringen, das ewige Gültigkeit besitzt. Und so unterscheiden sich Sach- und Fachbuch schon durch ihre Lebensdauer. Ist das Sachbuch kurzlebig, ist das Fachbuch langlebig.

Mein Lieblingsfachbuch stammt aus der Feder meines Onkels Walter Bühler, des Bruders meiner Mutter. Er ist Mathematiklehrer im Ruhestand und hat sich den Traum verwirklicht, ein Fachbuch zu publizieren und auch noch vor wissenschaftlichen Zirkeln darüber zu referieren. Das Buch heißt »Aristoxenos und Pythagoras. Ein elementarmathematischer Streifzug durch die Geschichte der musikalischen Intervalle und Skalen«, es ist 2017 im Internationalen Verlag der Wissenschaften in Frankfurt am Main erschienen und kostet 99,95 Euro, fürs Kindle 69,95 Euro. Das ist typisch Fachbuch – im Unterschied zum Sachbuch ist auch die Reichweite geringer und der Preis entsprechend höher.

Wenn ich es richtig verstehe, widerlegt mein Onkel in diesem Buch einige musiktheoretische Erkenntnisse, die bisher als Grundlagen gelten – aber der Untertitel lautet bei einem Fachbuch natürlich nicht reißerisch »Worin Pythagoras falsch lag«, sondern der Ton ist dezenter und zurückhaltender als beim Sachbuch, das gerne kontrovers ist. Schlägt man das Buch auf, finden sich Fußnoten in Latein und Altgriechisch; es finden sich unfassbar differenzierte Tabellen mit aufwendigen mathematischen Brüchen, vor denen der griechische Buchstabe Lambda steht – kurz: Ich kapiere von allem kein Wort, obwohl ich selbst Musik mache und auch die Grundrechenarten beherrsche. Trotzdem erfüllt es mich mit Stolz, wenn mein Onkel mit diesem Thema vor der Leibniz-Gesellschaft spricht.

Also: Auch ein Fachbuch kann Ihrer Positionierung dienen – aber nur, wenn Sie tatsächlich wissenschaftlich tief in einem Thema drinstecken und alle anderen in den Schatten stellen. Dann kann ein Fachbuch auch ein Lebenswerk sein.

Der Ratgeber

Der Fokus des Ratgebers liegt auf nicht auf einer These (Sachbuch) und auch nicht auf Grundlagenwissen (Fachbuch), sondern auf dem Know-how oder – noch konkreter – auf dem How-to. Wir wollen erfahren, wie etwas funktioniert, wie etwas geht. Wir wollen wissen, wie wir etwas konkret hinbekommen, was wir bisher nicht hinbekommen haben. Es geht um eine Art von Kompetenzzugewinn.

Der idealtypische Ratgeber ist in meinen Augen das Kochbuch. Stellen Sie sich ein Kochbuch vor, das pro Doppelseite ein Rezept präsentiert. Auf der rechten Seite ist das Foto vom Ergebnis – rechts, weil unser Blick beim Aufblättern eher nach rechts geht als nach links. Nachdem wir das Ergebnis gesehen haben – es repräsentiert unser Ziel –, geht der Blick nach links. Dort steht oben erst die Überschrift, die das Ergebnis bezeichnet, und zwar völlig unakademisch und auch nicht sonderlich kreativ oder originell, sondern da steht einfach »Schwäbischer Kartoffelsalat«. Oder »Würzige Gemüsepuffer«.

Merken Sie etwas? Beim Ratgeber machen die Autoren keine ironischen Spielchen, sondern die Leserführung muss exakt und klar sein. Unter der Überschrift kommt dann die Einkaufsliste – die Zutaten. Und dann folgt der Prozess – die Zubereitung. Und zwar exakt in der Abfolge, die zum Ergebnis führt, auch hier nicht spielerisch anders. Erst schälen wir die Zwiebeln, dann schneiden wir sie. Nicht umgekehrt.

Ein Ratgeber zeigt uns also, wie wir in bestimmten Situationen handeln – ob in der Partnerschaft, im Beruf, auf Reisen, in der Küche, im Garten, im Auto, bei der Körperpflege, in der Kindererziehung, im Urlaub (jeder Reiseführer ist ein Ratgeber) oder wo auch immer. Wenn Sie jetzt etwas haben, das anderen etwas bringt – in der Karriere, beim Sport, bei der Gesundheit, im Verkauf, im Marketing, in der Führung –, dann haben Sie ein Ratgeberthema.

Spannend wird ein Ratgeber dann, wenn Sie tatsächlich einen individuellen Zugang zum Thema finden. Sagen wir mal so: Ein Ratgeber dazu, wie Buchhaltung funktioniert, ist langweilig. Interessant wird es, wenn Sie mit der Absenderkompetenz »Steuerberater/-in« oder wenigstens »Profi-Buchhalter/-in« ein paar besondere Tricks für uns haben, wie sich Prozesse vereinfachen lassen, und zwar Tricks, die wir nicht schon fünfmal an anderen Stellen gehört haben. Das macht dann einen spannenden Ratgeber aus. Oder Sie spezialisieren sich auf eine Zielgruppe und bringen einen

Ratgeber zum Thema »Buchhaltung für Schauspieler« heraus, wohl wissend, dass sich Künstler selten gerne mit Dingen befassen, die sie als unkreativen Kleinkram betrachten.

Merken Sie, wie wichtig das Thema Positionierung ist, bevor Sie sich an Ihr Buch machen? Gerade auf dem Ratgebermarkt muss sonnenklar sein, wem genau Sie womit genau wobei genau helfen. Je enger Ihre Zielgruppe gefasst ist (»Schauspieler«), desto weniger Interesse wird ein Verlag an Ihrem Buch haben, weil ein Verlag natürlich eine hohe Auflage verkaufen will. Darum kann ein Buch mit enger Zielgruppe möglicherweise eher fürs Selfpublishing geeignet sein – über die Veröffentlichungsmöglichkeiten sprechen wir später noch. Je weiter gefasst Ihre Zielgruppe ist (»Hundebesitzer«), desto höher wird das Interesse eines Verlages an Ihrem Buch sein, weil er so mehr Auflage verkaufen kann.

Privat oder beruflich?

Eine wichtige Unterscheidung brauchen wir beim Ratgeber noch: Richten Sie sich an Privatleute oder an Unternehmen? Vorsicht, hier meine ich nicht mehr wie vorhin »privat« im Gegensatz zu »öffentlich«, sondern ich meine »privat« im Gegensatz zu »beruflich«.

Ja, ich weiß, dass sich die Grenzen derzeit ein wenig auflösen – wer in einem Unternehmen arbeitet, ist auch Privatmensch, und viele Berufstätige kaufen auch auf private Rechnung Bücher. Aber im Hinblick auf Ihre Positionierung als Autorin oder Autor ist die Unterscheidung wichtig. Es spielt zum Beispiel dann eine Rolle, wenn Sie bei Veranstaltungen als Expertin oder Experte auftreten.

Ich schlage die folgende ungefähre Trennung vor:

- Im Privatkundengeschäft (»business to consumer«, kurz: »B2C«) kaufen Privatleute Ihr Buch, weil es darin um private Themen geht wie Sport, Körpergewicht, Gesundheit, Liebe, Partnerschaft oder anderes.
- Im Geschäftskundengeschäft (»business to business«, kurz: »B2B«) kaufen Mitarbeiter von Unternehmen Ihr Buch, weil es darin um Businessthemen geht wie Vertrieb, Marketing oder Unternehmenskommunikation. Eventuell kauft ein Unternehmen eine größere Menge Bücher auch direkt.

Sie sehen vielleicht schon, wo das Problem liegt – und dieses Problem ist wirklich ärgerlich simpel: Wenn sich jemand beruflich für ein Thema interessiert, kauft er das Buch als Privatmensch möglicherweise deswegen nicht, weil ihm der Arbeitgeber die Ausgaben dafür nicht ersetzt. Es mag zwar sein, dass wir Fachliteratur in der Steuererklärung geltend machen können, aber trotzdem ist das erst einmal ein kleiner logischer Hinkefuß, was den Buchabsatz betrifft.

Im besten Fall kauft also ein Unternehmen Ihren Businessratgeber, und zwar nicht nur einen, sondern vielleicht 500 Stück. Warum sollte ein Unternehmen das tun? Weil Sie beispielsweise einen Vortrag bei einer Veranstaltung dieses Unternehmens halten und das Management bei der Veranstaltung allen Mitarbeitern Ihr Buch mitgeben will.

Und noch etwas Weiteres folgt aus der Unterscheidung zwischen privat und beruflich: Mit einem privaten Thema – Liebe, Partnerschaft, Gesundheit – treten Sie am besten in der Stadthalle auf, und zwar bei einer Veranstaltung, deren Veranstalter Sie selbst sind. Die Leute im Publikum kaufen Karten und kommen alleine, zu zweit, zu dritt. Vielleicht kommt ja auch mal eine Gruppe aus einem Unternehmen.

Mit einem beruflichen Thema sprechen Sie eher nicht in der Stadthalle, sondern bei einer Veranstaltung, die Ihr Kunde organisiert, also ein Unternehmen oder ein Verband.

Eine Veranstaltung zu einem privaten Thema findet also eher öffentlich statt, eine Veranstaltung zu einem Businessthema eher hinter geschlossenen Türen. Entsprechend weniger Bilder gibt es von Businessveranstaltungen.

Eine Ausnahme stellt Gedankentanken dar – dort fanden sich bei den jahrelang praktizierten Rednernächten sowohl private als auch Businessthemen in öffentlichen Veranstaltungen. Im April 2019 hatte Gedankentanken sogar den Nobelpreisträger und früheren US-Präsidenten Barack Obama auf der Bühne.

In der Oktober-Ausgabe 2019 von »Training aktuell« habe ich mit den Gedankentanken-Chefs Stefan Frädrich und Alexander Müller ein Interview über die Zukunft des Unternehmens und auch über diese Rednernächte geführt – und der Trend geht jetzt noch weiter, nämlich in Richtung der Wissensvermittlung online. Das Interview finden Sie übrigens als PDF auf der Website von »Training aktuell« zum Herunterladen.[6]

Worauf ich hinauswill: Überlegen Sie sich gut, ob Sie Ihr Thema an ein privates Publikum aus einzelnen Menschen richten, die Bücher und Eintrittskarten jeweils einzeln bezahlen, oder ob Sie sich an ein Businesspublikum richten, bei dem Sie möglicherweise ohne eigenen Aufwand eher einen Saal gefüllt bekommen und auch nicht der Zahlung jedes einzelnen Teilnehmers hinterherrennen müssen.

Möglicherweise denken Sie, diese Entscheidung ergibt sich schon aus Ihrem Thema – ja, das kann sein. Wenn wir beim Thema Hundeerziehung bleiben, dürfte es kaum einen sinnvollen Dreh geben, dieses Thema aufs Business hinzubürsten. Die Profis unter den Hundeführern bei Rettungsdiensten und Polizei dürften dieses Buch kaum brauchen, eher kommt aus diesen Reihen ein entsprechendes Buch.

Aber schon beim Thema Rhetorik stehen Sie vor der Wahl: Wollen Sie das freie Sprechen vor Menschen Privatleuten beibringen oder Arbeitnehmern? Noch einmal: Auch wenn jeder Arbeitnehmer zugleich Privatmensch ist – wir haben es mit einem völlig anderen Zugang zu tun. Wenn Sie Ihren Rhetorikratgeber an Privatleute richten, sollten sich darin auch private Beispiele finden – die Rede auf dem runden Geburtstag der Tante, der Flirt im Kinofoyer. In einem

---

[6] https://www.managerseminare.de/ta_Artikel/Weiterbildungsmarkt-Die-Rednernaechte-waren-Liebhaberei,273712

Businessbuch geht es dann eben eher ums freie Sprechen vor Kollegen, in Besprechungen, vor Chefs und vor Gästen. Möglicherweise bringen Sie auch zwei Ratgeber raus, in denen technisch das Gleiche steht, jeweils aber gemünzt auf die jeweilige Zielgruppe.

Diese Überlegungen sollten Sie anstellen, bevor Sie sich ins Schreiben stürzen. Ich weiß, wir sind schon weit fortgeschritten in diesem Buch übers Schreiben und schreiben immer noch nicht. Aber ich hoffe auch, dass ich Sie inzwischen davon überzeugt habe, dass manche Vorarbeiten und vor allem gedankliche Vorbereitungen wichtig sind, damit Ihr Buch am Ende nicht unklar bleibt.

Das Geschenkbuch

Dass es auch Geschenkbücher gibt, daran denkt kaum jemand im Umfeld der Speaker und Trainer, scheint mir. Geschenkbücher sind die schönen Bücher zum Schmökern oder Schmunzeln, die in großen Kaufhäusern vor Weihnachten an der Kasse liegen. Etwas, was man nie gesucht hat, aber mitnimmt, wenn man es sieht.

Eines meiner Lieblingsbeispiele dafür ist das Buch »Wo geht's denn hier zum Glück?« von Maike van den Boom, die Absolventin unserer GSA-Rednerausbildung ist. Das Konzept ihres Buches war und ist sehr einfach: Sie reist um die Welt und fragt überall irgendwelche Menschen, was für sie Glück ist. Das Buch war ein Riesenerfolg, es stand über viele

Wochen hinweg auf der Spiegel-Bestsellerliste. Damit darf sich Maike van den Boom »Bestsellerautorin« nennen – das ist eine Bezeichnung, die andere schon dann verwenden, wenn sie mal in einer bestimmten Amazon-Kategorie die Nummer 1 waren, was definitiv an Irreführung grenzt.

Maike van den Booms Buch – sie hat inzwischen ein weiteres nachgelegt – zeichnet sich durch seine freie Form aus. 13 Länder, 13 Kapitel, und die Begegnungen dort reportageartig erzählt. Und es kommt doch auf 368 Seiten.

Ich bezeichne das Glücksbuch von Maike van den Boom als Geschenkbuch, weil es genau das ist, was man gerne noch mitnimmt – und zugleich bringt es Veranstalter und Unternehmen auf die Idee, Maike van den Boom als Speakerin zu buchen. Meine frühere strenge Differenzierung zwischen »B2C« und »B2B« kann also Ausnahmen haben. Und so eine Ausnahme entsteht möglicherweise dann, wenn Sie in Ihrem Zugang zu Ihrem Thema und Ihrem Buch frei denken und kreativ sind.

Ein Geschenkbuch können Sie auch als Bilderbuch aufziehen – denken Sie an die »Günter«-Reihe: links eine Zeichnung, rechts ein Text. 100 Kapitel pro Buch ergeben 200 Seiten mit 100 Grafiken und 100 einseitigen Texten. Welche Fotos haben Sie, die Ihre These oder Ihr Thema beispielhaft stützen? Oder denken Sie an Listenbücher – die gehen immer wieder gerne gut. »1000 Places To See Before You Die« ist sicher legendär. Auch »Die Bucket List für Eltern: 500 Dinge, die du mit deinem Kind erlebt haben solltest« ist ein solches Listenbuch. Eine »Bucket List« ist eine Liste, die Sie abgearbeitet haben, bevor Sie den Löffel abgeben.

Auch im Businessbereich gibt es Listenbücher, zum Beispiel »Die 100 Geheimnisse erfolgreicher Menschen« von David Niven. Darin stehen einhundert Geschichten, aus denen der Autor Erfolgskonzepte ableitet. Warum nicht?

Mein Versuch eines Listenbuches ist das erwähnte »Buch der 1000 Gebote«, erschienen bei Midas wie dieses Buch hier. Ich dachte mir: Gelingt es mir, zehn Hauptthemen des Lebens zu benennen? Die Antwort war eindeutig Ja. Die nächste Frage lautete: Finde ich zu jedem dieser zehn Hauptthemen zehn Unterkapitel? Auch hier ein ganz klares Ja. Dann schließlich war die Frage: Finde ich zu jedem der zehn Unterkapitel zehn Regeln? Auch hier war ich sicher. Also begann ich zu strukturieren und dann zu schreiben. Am Ende hatte ich 1000 Lebenstipps in allen möglichen Lebensbereichen, natürlich unterschiedlich gut und stark, aber es waren eben $10^3 = 1000$ Tipps. Ein befreundeter Pfarrer aus Heidelberg, der spannenderweise zugleich Mathematiker ist, kommentierte das Buch mit den Worten, ich hätte den mosaischen Dekalog mit der Dreierpotenz vervielfacht.

Das Buch handelte mir übrigens meinen ersten Verriss ein: In der »Süddeutschen Zeitung« behauptete der Autor Martin Zips, Jesus habe nur zehn Gebote benötigt. Er implizierte, ich würde mich als Messias aufspielen. Es war ein unfassbar geringschätziger Beitrag über mein Buch. Mein Trost war die Bildungsferne des Rezensenten, der Moses mit Jesus verwechselt hat. So ganz ohne kulturellen

Unterbau ist Journalismus eben eher schwierig, auch bei der »Süddeutschen Zeitung«.

Belletristik

Als letztes Genre in dieser Aufzählung will ich die Belletristik als Ganzes abhandeln – weil sie am Ende für eine Expertenpositionierung zwar möglich ist, aber insgesamt eher eine geringe Rolle spielt. Belletristik umfasst vereinfacht die fiktionalen Formate, also erfundene Geschichten. Auch die Lyrik gehört zur Belletristik, selbst wenn sie reale Zustände beschreibt. Die Dramatik natürlich auch. Aber lassen wir Lyrik und Dramatik eher mal beiseite: Wenn Sie heute mit Gedichten erfolgreich werden wollen, empfehle ich eine Laufbahn als Songwriter, und wenn Ihnen das Bühnenstück mit verteilten Rollen liegt, sollten Sie sich in meinen Augen eher mit Drehbüchern und Dramaturgie befassen.

Heutige Drehbücher übrigens zeigen etwas deutlich: Es ist falsch, dass die Leute nur Infohäppchen wollen. Das ist Quatsch. Wir hören diesen Quatsch, wenn es um die Länge von Podcast-Folgen oder Youtube-Videos geht. Da heißt es dann, so ein Format dürfe nicht länger als zwanzig oder gar nur drei Minuten sein. Ja, sicher, wenn Ihre Inhalte nichts taugen, sollten Sie die Leute nicht allzu lange damit belästigen, das stimmt schon. Aber wenn ein Stoff »trägt« – so sagt man bei Theater, Film und Rundfunk, wenn ein Thema dramaturgisch funktioniert –, dann kann er neunzig Minuten lang gehen wie jeder »Tatort« oder »Polizeiruf«.

Manche Leute ziehen sich achtstündige Wagner-Opern rein, und das tun sie oft auch freiwillig live – ohne schnell mal zwischendurch aufstehen zu können. Vor allem Serien wie »Babylon Berlin« oder auch »Das Boot« beweisen, dass die Menschen auch große Formate schätzen.

Für Sie als Expertin oder Experte heißt das: Sie dürfen auch längere Stücke produzieren, keine Frage. Sobald Ihr Youtube-Video spannend ist und den Leuten etwas bringt, nehmen sie sich schon die Zeit und schauen sich das an. Ich selbst verpasse manches Webinar zu bestimmten Onlinemarketingthemen, weil ich an dem jeweiligen Abend verplant bin, aber dann lasse ich mir den Link zur Aufzeichnung schicken und nehme mir dafür ebenso Zeit, wie sich andere Leute Zeit für ihre Lieblingsserie bei Netflix nehmen oder für die »Tagesschau« oder den »Tatort« in der Mediathek. So ein Webinar dauert manchmal eine Stunde oder länger, aber in der Abwägung mit dem Nutzen lohnt es sich eben.

Das Gleiche gilt für Podcast-Folgen und eben auch für Bücher: Wenn ein Stoff »trägt«, funktionieren auch längere Formate. Trotzdem kursieren auf dem Buchmarkt natürlich auch Obergrenzen: Die einen sagen, mehr als 200 Seiten will niemand lesen, andere verorten die Obergrenze bei 300 Seiten. Und trotzdem ist eben auch mal ein Buch wie das von Maike van den Boom erfolgreich, das diesen Rahmen völlig sprengt.

Das »Buch der 1000 Gebote« hat netto 200 Seiten – zehn Doppelseiten mit jeweils fünf Geboten auf einer Seite.

Aber niemand wird dieses Buch von vorn bis hinten durchlesen, es ist eher was zum Schmökern – oder auch zum Surfen, weil ich mit zahlreichen Querverweisen arbeite, die den Leser quer durchs Buch springen lassen.

Für einen durchschnittlichen Ratgeber, finde ich, sind 200 bis 300 Seiten genug – in diesem Umfang sollten Sie schon sagen können, was zu sagen ist. Ins Labern sollten wir nicht kommen. Mehr dazu später, wenn es um den Aufbau Ihres Buches geht.

Wann sitzt ein Romanautor in einer Talkshow?

Wenn Sie sich für fiktionale Handlungen interessieren, die am Ende zum Film werden, dann sollten Sie sich eher mit den derzeitigen Serien befassen als mit Schillers »Wallenstein«. Ein bisschen Shakespeare ist sicher sinnvoll, vor allem die Kunst der Intrige wie beispielsweise im »Othello«, aber um erfolgreicher Fiction-Autor zu werden, müssen Sie sich erfreulicherweise nicht die gesamte klassische Literatur antun, die Ihnen ein Deutschlehrer nahelegen würde.

Bei den fiktionalen Formaten finde ich am Ende nur den Roman relevant, vielleicht auch Kurzgeschichten. Und auch da gibt es wieder Unterschiede: So ein Buch hat entweder einen realen Bezug, übt also beispielsweise Gesellschaftskritik, oder es hat keinen realen Bezug, ist also rein fiktional. Ein Roman mit realem Bezug ist »Der Turm« von Uwe Tellkamp, der das konservative Bürgertum Dresdens zu DDR-Zeiten beschreibt. Ein Roman ohne realen Bezug sind die komplett fiktiven Thriller von Dan Brown.

Warum ist dieser Unterschied so wichtig? Hat ein Roman einen realen Bezug, sitzt der Autor schon mal in einer Talkshow. Denn die Öffentlichkeit will wissen, was er zu einem bestimmten Thema denkt. Autoren von Romanen ohne realen Bezug trifft man eher bei Lesungen. Natürlich hält auch Uwe Tellkamp Lesungen. Aber darüber hinaus sind Autoren gesellschaftlich relevanter Romane eben auch für den Journalismus interessant. Schreibt jemand fiktionale Stoffe ohne gesellschaftlichen Bezug, sind die Talkshowauftritte seltener und die Lesung ist eher die Form. Lesungen nichtfiktionaler Stoffe sind eher ungewöhnlich, aber das wissen selbst manche Verlagsleute nicht.

Als der STARK-Verlag in Hallbergmoos sämtliche Verträge der Eichborn-Ratgebersparte aufgekauft hatte – darunter meine Verträge zu »Komm zum Punkt!«, »Mach dein Ding!« und »Denk mit!«, kam man dort tatsächlich auf die Idee, Lesungen mit mir zu veranstalten. Wir haben das probiert, und es ist gefloppt. Für mich war das ein wichtiges Learning: Lesungen für Ratgeberthemen sind nicht das passende Forum – bestenfalls für B2C-Themen wie Gesundheit, wenn wir zum Beispiel Eckart von Hirschhausen nehmen.

Aber eine Buchlesung zu Businessthemen wie Vertrieb, Führung, Unternehmenskommunikation oder Marketing? Vergessen Sie es. Bei einer Lesung wollen die Leute üblicherweise Fiktion, Dramatik, Spannung, sie wollen Dialoge und wahlweise Pathos oder Humor. Das Publikum ist nicht ein Unternehmen, sondern das Publikum besteht aus einzelnen Privatleuten, die das Ticket für die Lesung aus eigener Tasche bezahlen. Das Format »Lesung« gehört also eher in die Rubrik »Stadthalle«, wenn wir den Bogen zum Speakermarkt schlagen, und ist ideal für Romane und Sachbücher. Businessthemen finden eher inhouse statt.

Auch deshalb ist es wichtig, dass Sie sich eindeutig für ein Genre entscheiden. Ich weiß nicht, ob ein fiktionales Format das Mittel der Wahl ist, wenn Sie sich als Expertin oder Experte positionieren wollen. Aber wenn Sie tatsächlich fiktionale Stoffe entwickeln können, was sehr anspruchsvoll ist, dann beneide ich Sie und ermuntere Sie ausdrücklich.

Vor allem Dialoge zu schreiben ist eine Kunst für sich – die großen Thriller entstehen meist im Team, und der Name des Autors fungiert mehr als Marke als tatsächlich nur als Name des Autors. Der Autor beschäftigt ein arbeitsteiliges Team: Der eine entwickelt die Handlung, ein anderer entwickelt die Figuren, der Nächste schreibt den Text und wieder jemand anders formuliert die Dialoge. Ich sage nicht, dass diese industrielle Arbeitsweise schlecht ist, ich sehe einfach nur einen riesigen Aufwand dabei. Aber wie gesagt: Warum sollten Sie nicht arbeitsteilig den großen Thriller schreiben? Die hohe Professionalität solcher Romane hat ja immerhin auch ein entsprechendes Einkommen zur Folge.

Also: Es ist kein klassischer Weg, zur Expertenpositionierung einen Roman zu schreiben. Aber auf der anderen Seite können Sie einen Roman durch Ihr Expertenwissen natürlich auch sehr bereichern. Denken Sie an die Krimis von Michael Tsokos, einem Gerichtsmediziner der Berliner

Charité. Natürlich hat Tsokos auch Sachbücher geschrieben (»Dem Tod auf der Spur«, »Der Totenleser«), aber eben darüber hinaus Belletristik (»Abgeschnitten« in Kooperation mit dem Journalisten Sebastian Fitzek, »Zersetzt«, »Zerbrochen«). Die Idee, dass Sie Ihre Expertise in Romanform gießen, ist wie gesagt zwar unüblich, aber warum sollte es in Ihrem Fall nicht die richtige Entscheidung sein?

Mischformate

Auf eine Sonderform will ich Sie allerdings auch noch aufmerksam machen: auf Mischformate aus fiktionalen und nichtfiktionalen Stoffen. Gerade wenn Sie sich auf Storytelling verstehen, können Sie Business Cases als fiktionale Geschichten erzählen und dazu Learnings bringen, die sich im Layout natürlich optisch abheben.

Das erwähnte Buch »Die 100 Geheimnisse erfolgreicher Menschen« von David Niven macht es so: Es beschreibt erzählerisch bestimmte Episoden – Prozesse, Entscheidungen – und leitet daraus Erkenntnisse ab. Zwei andere schöne Beispiele für einen solchen Mix sind »Die 24 Gesetze der Verführung« und »Power. Die 48 Gesetze der Macht« von Robert Greene. Das Layout ist genial: Jeweils innen schreibt Greene seine Geschichten, und jeweils außen, also am Rand der Seite, stehen die Erkenntnisse.

Die Vermischung von Fiktion und Ratgeber ist also

auch eine schöne Idee – gerade weil Sie durch konkrete Geschichten Ihre Erkenntnisse beispielhaft und anschaulich machen können. Die Voraussetzung ist natürlich, dass Sie fiktional erzählen können. Das können nicht alle.

Buch-Genres im Vergleich

Lassen Sie mich die drei wichtigsten besprochenen Genres unter den nichtfiktionalen Formaten noch einmal vergleichen: das Sachbuch, das Fachbuch und den Ratgeber. Die entscheidenden Unterschiede liegen in der Auflage, also der produzierten Stückzahl, im Verkaufspreis und in der Lebensdauer. Die folgenden Angaben sind bitte Tendenzen.

	Auflage	**Preis**	**Lebensdauer**
Sachbuch	hoch	mittel	gering
Fachbuch	gering	hoch	hoch
Ratgeber	mittel/hoch	gering	mittel/hoch

Von der Idee bis zum Buch: Der Prozess

Wie Sie Ihr Buch planen, aufbauen und schreiben

Eine der wichtigsten Entscheidungen, die Sie vor dem Schreiben treffen sollten, ist die Frage nach dem Verlag. Wollen Sie Ihr Buch in einem klassischen Verlag veröffentlichen, dem Sie die Verwertungsrechte übertragen? Oder wollen Sie das Buch selbst herausbringen? Bevor wir zu dieser Entscheidung kommen, ist es sinnvoll, sich den gesamten Prozess der Buchentstehung einmal anzuschauen. Denn erst wenn Sie die einzelnen Schritte der Buchentstehung verstehen, können Sie die Entscheidung zwischen Verlag und Selfpublishing klug treffen. Es ist beispielsweise extrem wichtig zu klären, ob Sie die Auslieferung Ihres Buches selbst übernehmen wollen – was am Ende zum Beispiel bedeuten kann, dass Sie E-Mails von Buchhandlungen bekommen, die gerade mal ein Exemplar Ihres Buches bestellen, das Sie dann per Post verschicken sollen – natürlich nicht zum Ladenpreis, sondern mit einem Rabatt für den Buchhändler. Wollen Sie sich diesen Kleinkram ans Bein binden?

Also lassen Sie uns mal schauen, wie Bücher überhaupt entstehen – auf den folgenden Seiten an verschiedenen Beispielen durchgespielt. Wenn Sie die einzelnen Schritte verstehen, können Sie auch entscheiden, ob Sie den jeweiligen Schritt selbst stemmen können oder wollen oder ob Sie ihn lieber einem Verlag überlassen.

Die Idee

Am Anfang steht meistens eine Buchidee. Und in aller Regel kommen Autoren auf ihre Buchideen selbst. Selten sind Bücher Auftragsarbeiten. Und gerade wenn Sie sich als Expertin oder Experte positionieren wollen, geht es ja um Ihre eigenen Ideen.

Ideen für Bücher gibt es viele, aber oft wird am Ende nichts daraus. Das liegt oft daran, dass die jeweilige Buchidee nicht prägnant genug formuliert ist. Wenn Sie sagen: »Ich schreibe einen Rhetorikratgeber«, dann ist das eben unzureichend. Was macht Ihre Idee zu einer besonderen Idee? Hier spielen wieder die Überlegungen zur Positionierung eine Rolle: So, wie Sie sich selbst positionieren, positionieren Sie auch ein Buch oder andere Produkte.

Ihr Buch braucht also so etwas wie einen Charakter. Es sollte sich individuell und spezifisch beschreiben lassen. Dazu gehört die eindeutige Entscheidung für ein Genre oder eben auch die eindeutige Entscheidung für einen Mix aus fiktionalen Geschichten und nichtfiktionalem Wissen.

Wenn wir vom Ratgeber ausgehen, stellt sich die Frage: Welches konkrete Wissen wollen Sie vermitteln? Wem wollen Sie wobei helfen? Wie genau? Ein Rhetorikratgeber sollte sich zum Beispiel unbedingt von den vielen anderen Rhetorikratgebern auf dem Markt abheben.

Eine gute Buchidee muss nicht kompliziert sein. Aber sie ist am Ende dann eben doch meistens das Ergebnis langen Nachdenkens. Die Idee, einen Motivationsratgeber mit einer Comicfigur namens »Günter, der innere Schweinehund« zu schreiben, wirkt sehr einfach. Aber glauben Sie mir: Der Schein trügt. Es ist eine enorme Arbeit, den besonderen Dreh für ein Buch zu finden. Sicher kann es sein, dass Ihnen die eine, bestechende Idee ad hoc einfällt, klar. Aber in der Regel steckt hinter einer Buchidee eben viel Arbeit.

Die Idee für dieses Buch – das Buch zum Bücherschreiben – ist entstanden, weil es dafür eine Nachfrage gibt. Bei Gedankentanken sollte ich ein Onlineseminar zum Bücherschreiben aufnehmen. Das haben wir dann auch gemacht.

Also dachte ich mir bei der Planung: Wenn ich schon ein Seminar plane, dann kann ich auch gleich das Buch dazu schreiben. Ich mache ungern doppelte Arbeit, also habe ich das Buch geschrieben, das ohnehin schon lange als Idee auf meinem Rechner geschlummert hat. Und dann habe ich anhand des Buches das Seminarkonzept herausdestilliert.

Und da ich relativ schnell schreibe (dazu später mehr), war es auch kein großes Problem, das Buch in wenigen Wochen fertigzustellen – zumal das Wissen vorhanden war: Ich musste für dieses Buch relativ wenig recherchieren. Was ich bisher als Autor erlebt und ausprobiert habe, habe ich im Kopf, ich musste es nur noch erzählen.

Am besten ist es bei Ihnen auch so. Finden Sie eine einfache Idee für ein Buch, das Sie qua Ihres Wissens und Ihrer Erfahrung im Grunde nur noch runterschreiben müssen? Ich will Sie vor Projekten warnen, die erst mal einige Jahre Recherche erfordern. Wenn es um eine Positionierung als Experte geht, bei der Ihnen ein Buch helfen soll, dann ist Zeit

Geld. Dann geht es darum, dass Sie möglichst fix mit Ihren Gedanken auf dem Markt sind. Das ist auch vor dem Hintergrund wichtig, dass sich Inhalte schnell verändern – gerade bei Themen wie Digitalisierung oder IT.

In meinem Leben gibt es übrigens noch mehr Themen, die mir nicht allzu viel Mühe machen. Ich könnte zum Beispiel das große Buch übers Landleben herausbringen oder über den Unterschied zwischen Stadt und Land. Meine Absenderkompetenz: Ich habe etwa zehn Jahre lang mitten in Berlin gelebt, zum Schluss in der Torstraße in Mitte, mit Dachterrasse und vollem Programm, die Szenekneipen um die Ecke. Seit 2007 lebe ich auf dem Land, und zwar richtig auf dem Land – erst in einer einsamen Wassermühle und jetzt in einem einsamen Forsthaus. Ich weiß, was Fernwärme ist, und ich weiß, was es heißt, Holz zu machen. Das gibt mir einen etwas differenzierteren Blick beispielsweise auf das Thema Klimawandel und CO_2-Vermeidung – ich kann mir momentan einfach nur schwer vorstellen, wie die riesigen forstwirtschaftlichen Maschinen bei uns in der Rhön auf der Basis von Elektromotoren laufen sollen, und das Gleiche gilt für Traktoren und Kettensägen. Wenn ich Berichte großstädtischer Journalisten über Lastenfahrräder in der Stadt lese, dann denke ich mir: Ja, in der norddeutschen Tiefebene mag das funktionieren, aber bei 10 Prozent Steigung auf dem Land oder auch einfach nur in Stuttgart? Das Leben in und mit der Natur holt einen eben immer wieder auf den Boden der Realität zurück, und so erscheint manche politische Utopie in einem anderen Licht.

Also könnte ich mich als Landmann positionieren: Ich entscheide mich fürs Genre »Sachbuch« und vertrete Holzfällerthesen. Für meine Vorträge kleide ich mich in Janker und Bergstiefel und trage einen Hut. Das kann eine Positionierung sein. Je länger ich darüber nachdenke, desto besser gefällt mir die Idee, aber desto klarer wird mir auch, wie gefährlich es wäre, dieses Landbuch zu schreiben: Ich würde mir meine bisherige, funktionierende Positionierung als Experte für klare Kommunikation vollkommen verwässern. Nichts gegen Vielfalt innerhalb einer Positionierung, und in gewisser Weise passen alle meine bisherigen Publikationen in den Rahmen »klares Denken und klare Kommunikation«; aber außerhalb der Positionierung sollte ich wohl eher nichts publizieren – davor sollte ein gründlich durchdachter Relaunch meiner Positionierung stehen.

Ihre Buchidee muss Ihr individuelles Kind sein

Ihre Buchidee sollte also Ihr individuelles Kind sein. Sie muss unbedingt zu Ihnen passen. Und Ihr Buch sollte unbedingt auch in zehn Jahren noch – oder später – etwas sein, zu dem Sie stehen können. Veröffentlicht ist veröffentlicht, was raus ist, ist raus. Bevor Sie etwas rauslassen, sollten Sie genau überlegen, was Sie rauslassen.

Was also ist Ihre Buchidee? Womit genau wollen Sie wen genau überzeugen oder unterstützen? Und worin liegt der besondere Dreh, der Ihr Buch von anderen unterscheidet? Was genau macht Ihr Buch einzigartig?

Die Zielgruppe

Elementar ist auch die Frage, für wen Sie schreiben. An wen richten Sie sich? Sagen Sie bitte nicht, Sie richten sich an alle. Diesen Quark höre ich immer wieder von Menschen, die gerne Autoren wären und mich bitten, ihnen beim Entstehen ihres Buches zu helfen. Mensch, das Thema ist doch so wichtig, das geht alle an! Nein, tut es nicht, solange Sie nicht die Weltformel herausgefunden haben.

Wissen Sie, wie solche Leute auf Verlage wirken, die von sich sagen, sie hätten ein Buch, das einfach alle interessiert? Wie Größenwahnsinnige.

Selbst Humor hat Zielgruppen. Denken Sie an Uli Stein. Die Grafiken sprechen definitiv nicht alle Menschen an. Sie sprechen eine bestimmte soziale Gruppe an. Ich gehöre zu dieser Zielgruppe zum Beispiel nicht. Mir sind Uli-Stein-Cartoons zu behäbig, zu brav und zu bürgerlich. Ich finde es nicht »süß«, wenn ein kleines Tier mit den Augen klimpert oder bedröppelt dreinschaut. Für mich ist das irrelevant und uninteressant. Was mich künstlerisch als Zielgruppe anspricht, ist Rachmaninoff. Der aber wiederum hat mit Sicherheit nur eine geringe Schnittmenge mit dem Publikum von Uli Stein. Das Uli-Stein-Publikum steht nach meiner Einschätzung auch eher auf Andrea Berg als auf Metallica.

Vorurteile? Sicher. Ich stehe dazu! Und ich will Sie auf ein Buch hinweisen, das hier elementar ist: »Die Erlebnisgesellschaft« von Gerhard Schulze. Der Untertitel lautet: »Kultursoziologie der Gegenwart«. Das Buch ist zwar von 1992, aber es beschreibt die sozialen Milieus der Bundesrepublik Deutschland immer noch außerordentlich treffend.

Die aktuellen sozialen Milieus finden Sie sehr gut aufbereitet beim Sinus-Institut.[7] Bitte beschäftigen Sie sich damit, wenn es um Zielgruppen geht. Die Sinus-Milieus sind quasi Gruppen mit ähnlichen Lebenswelten – manche sind traditionell orientiert, andere auf Veränderung bedacht, dann spielen die unterschiedlichsten Konsumgewohnheiten eine Rolle und auch Weltbilder und Werte.

Für 2019 beispielsweise verortet das Sinus-Institut etwa 13 Prozent der Bevölkerung in der »bürgerlichen Mitte«, also im »leistungs- und anpassungsbereiten bürgerlichen Mainstream«. Ist das die Zielgruppe Ihres Buches? Oder richten Sie sich vielleicht eher an die »Expeditiven«, also die »ambitionierte kreative Avantgarde« (9 Prozent)? Oder findet sich Ihre Zielgruppe auf Klimademos und Kirchentagen und gehört zum »sozialökologischen Milieu«, ist also »engagiert gesellschaftskritisch« und vertritt »normative Vorstellungen vom ›richtigen‹ Leben«? Das sind laut Sinus-Institut gerade mal 7 Prozent der Bevölkerung, also eine verschwindend geringe Minderheit, wenngleich sie sehr laut ist und anderen Leuten gerne vorschreibt, was sie zu tun und zu lassen haben, und das mit ihrer Moral begründet und nicht etwa damit, was erlaubt ist und was verboten.

Wie groß ein soziales Milieu ist, ist übrigens gar nicht so entscheidend. Angenommen, Sie erreichen das Milieu der

---

7 https://de.wikipedia.org/wiki/Sinus-Milieus

Expeditiven komplett, also 9 Prozent der Bevölkerung, und jeder von denen kauft Ihr Buch – mir würde das genügen. Das gilt übrigens auch für andere Zielgruppen, also wenn Sie innerhalb eines sozialen Milieus eine Teilmenge definieren oder sich an eine hochspezifische Zielgruppe richten wie Marketingchefs in Konzernen – es sind vermutlich immer noch ausreichend viele dafür, dass Sie Erfolg mit Ihrem Buch haben können.

Wer nicht zur Zielgruppe gehört, ist irrelevant

Das Wichtigste in meinen Augen ist aber etwas ganz anderes: Indem Sie Ihre Zielgruppe definieren – oder indem Sie sich auf ein soziales Milieu ausrichten –, sagen Sie automatisch auch Nein zu den anderen Zielgruppen und Milieus. Etwas einzugrenzen, also zu definieren, bedeutet immer auch, etwas anderes abzugrenzen, also auszuschließen.

Und das ist gut! Denn es heißt, dass Sie sich über Leute außerhalb Ihrer Zielgruppe keine Gedanken machen müssen. Wenn Sie sich mit Ihrem politischen Sachbuch an Vertreter des »sozialökologischen Milieus« richten, kann es Ihnen völlig gleichgültig sein, was Menschen außerhalb dieses Milieus von Ihnen halten. Und wenn Sie das »sozialökologische Milieu« ausschließen, weil Sie sich eben gegen die »political correctness« richten und eher für Freiheit als für Verbote sind, dann kann es Ihnen komplett egal sein, was die Vertreter eines solchen Milieus von Ihnen denken – jedenfalls solange man Ihnen nicht die Scheiben einwirft und Ihr Auto anzündet. Auch für radikale Gewalttaten ist dieses Milieu ja leider bekannt.

Der Gedanke, dass Eingrenzung immer auch Abgrenzung bedeutet, ist wirklich sehr hilfreich: Sie erkennen beim Blick auf Milieus und Zielgruppen, auf wessen Meinung Sie Wert legen und auf wessen Meinung eben nicht. Das ist nicht arrogant, sondern vollkommen normal. Wenn wir über Businesspositionierungen und Buchideen sprechen, zählen für mich zum Beispiel eher die Ansichten von Kollegen, also von Selbstständigen, die bereits ein Buch veröffentlicht haben, und die Ansichten anderer Menschen erachte ich eher als irrelevant. So denke ich nicht, weil ich böse oder arrogant wäre, sondern weil es normal ist. Auch ich maße mir keine Relevanz an in Bereichen, von denen ich keine Ahnung habe. Entsprechend ist es für mich nicht maßgeblich, was ein Friseur denkt, der selbst eine schlechte Frisur hat, oder was ein schlecht gekleideter Mensch zum Thema Stil denkt. Es interessiert mich einfach nicht, und das ist vollkommen legitim.

Ihr Buch richtet sich also an Ihre Zielgruppe und ausdrücklich an alle anderen nicht. Es macht nichts, wenn jemand Ihr Buch kauft, der damit nichts anfangen kann, aber das ist nicht das Ziel Ihres Schaffens. Das Ziel Ihres Schaffens sollte sein, dass Ihr Buch genau bei denjenigen Menschen landet, die damit etwas anfangen können und wollen.

Und wie erwähnt: Es geht nicht darum, dass eine Zielgruppe klein ist. Der Gedanke der Positionierung und der Zuspitzung von Ideen klingt erst mal danach, aber das trifft es nicht. Denn es geht nicht um die Größe Ihrer Zielgruppe, sondern darum, dass sie spezifisch ist. Hundebesitzer bilden wie erwähnt eine riesige Zielgruppe, die zugleich spezifisch exakt abgegrenzt ist.

Die Zielgruppe dieses Buches hier sind Menschen, die auf der Basis ihrer Erfahrungen oder ihres Spezialwissens ein Sachbuch oder einen Ratgeber herausbringen wollen. Die fiktionale Literatur haben wir gestreift, und ich habe Sie auf die Idee eines Geschenkbuches aufmerksam gemacht, aber im Kern interessieren sich vermutlich Menschen für dieses Buch, die selbst Ratgeber- oder Sachbuchautor werden wollen oder es schon sind. Außerhalb meiner Zielgruppe liegen Menschen, die ihr Buch als Selbsttherapie betrachten oder Künstler sein wollen. Sehen Sie die Unterschiede? Es geht hier weder um Fantastereien noch um esoterische Gedichtbände, sondern es geht hier darum, konkrete und greifbare Ideen mit den Mitteln der Sprache in ein Buch zu fassen, das tatsächlich relevant für andere Menschen ist.

Entsprechend egal ist es meiner Zielgruppe und mir, was Konsumenten über das Bücherschreiben denken oder von diesem Buch hier halten. Entscheidend ist nur, was Produzenten darüber denken, also Menschen, die selbst durch ihr tägliches Tun Wertschöpfung bewirken, am besten in Form von Wissensvermittlung. Entscheidend ist, wie Trainer, Coachs und Speaker damit umgehen oder andere Experten, die in einem bestimmten Bereich exzellent sind.

Vermutlich haben Sie auch schon erkannt, dass auch mein Buchtitel die Zielgruppe erwähnt: Da ist die Rede von »Experten«, und es ist die Rede von »Positionierung«. Das heißt, schon der Buchtitel spitzt ein Buch auf eine Zielgruppe zu. Aus dem Titel ergibt sich, dass es hier nicht um ein Kreativitätsbuch geht und um das Schreiben als Methode der Selbstfindung. Der Titel eines Buches – zu dem Thema kommen wir ja noch – ist im Grunde das auf den Punkt gebrachte Kondensat der Positionierung eines Buches.

Deshalb: Denken Sie jetzt noch mal an das Kapitel »Positionierung«. Darin habe ich Ihnen die folgenden Fragen gestellt:

- Welchen Schmerz lindern Sie? Menschen und Unternehmen haben Probleme und Aufgaben. Wofür bieten Sie die Lösung?
- Worin besteht Ihre Lösung? Was tun Sie genau?
- Warum sind Sie dafür der oder die Richtige? Was macht Sie dafür kompetent?
- Wie geht es Ihrem Kunden, wenn Sie Ihre Arbeit getan haben?
- Warum tun Sie, was Sie tun? Was treibt Sie an?

Ich hoffe, Sie haben diese Fragen für sich beantwortet. Wenn ja, ist der nächste Schritt ganz leicht, denn alle diese Fragen gelten auch für Ihr Buch. Auch Ihr Buch sollte einen Schmerz lindern. Welchen? Auch Ihr Buch sollte eine Lösung bieten. Welche ist das? Worin besteht diese Lösung genau? Und auch Ihr Buch sollte auf Anhieb ersichtlich machen, warum gerade Sie der richtige Absender für die Botschaft sind, die Sie der Menschheit mitteilen wollen.

Außerdem sollten Sie erklären, inwiefern es der Leserin oder dem Leser nach der Lektüre Ihres Buches besser geht als vorher. Außerdem könnte es Ihr Publikum interessieren, was Sie antreibt.

Und jetzt kommt der Trick: Die Antworten auf diese Fragen ergeben gemeinsam den Klappentext, also den Text, der auf der Rückseite Ihres Buches steht und mit dem Sie in den Verkauf gehen. Das ist der Text, den der Leser vor dem Kauf liest. Dieser Text muss diese Fragen beantworten.

Der Klappentext

Der Klappentext ist der Text auf der Rückseite des Buches. Wenn Sie von einem Hardcover ausgehen, gibt es meist einen Schutzumschlag, in den das Buch eingeschlagen ist – daher kommt der Begriff »Umschlag«. Die »Umschlagseiten« des Buches sind das Cover – die sogenannte U1 –, die Rückseite (U4) und die beiden inneren Umschlagseiten U2 und U3.

Klassischerweise haben die Umschlagseiten die folgenden Funktionen:

- Auf der U1 steht der Titel.
- Auf der U2 steht etwas über den Inhalt des Buches.
- Auf der U3 steht etwas über den Autor.
- Auf der U4 steht die Positionierung des Buches mit den wichtigsten Kaufargumenten.

In Stein gemeißelt ist das nicht – und wenn Sie Ihr Buch selbst konzipieren, können Sie hier auch variieren. Zum Beispiel können Sie auch auf der U2 etwas über den Autor schreiben und auf der U3 etwas über den Inhalt. Oder Sie bringen sowohl die Informationen zum Inhalt (»Über dieses Buch«) als auch die Informationen zum Autor (»Über die Autorin«) auf der U2 und lassen die U3 leer. Sie können auch U2 und U3 leer lassen und alles auf der U4 bringen. Gesetzt aber sind der Titel auf der U1 – natürlich – und die Kaufargumente auf der U4.

Wenn Sie Ihr Buch als Paperback produzieren, fällt der klassische Umschlag weg, aber wir reden immer noch von U1, U2, U3 und U4. Beim Paperback finden sich auf der U2 und der U3 oft nur leere Seiten – hier ist es üblich, dass die Informationen zum Inhalt und zum Autor auf der U4 stehen.

Wie auch immer Sie es aufteilen: Auf der U4 steht das, was ich im Folgenden als »Klappentext« bezeichne, also die Positionierung Ihres Buches. Bei diesem Klappentext halten Sie sich ganz einfach an die bereits formulierten Fragen, mit deren Hilfe Sie den potenziellen Käufer durch seine Entscheidung leiten.

Also sprechen Sie als Erstes den Schmerz an:

Sie sind Expertin oder Experte und wollen ein Buch veröffentlichen, wissen aber nicht, wie?

Dann versprechen Sie die Lösung:

> *Dieses Buch zeigt Ihnen, wie es geht! Sie finden heraus, ob Sie ein Buch für Ihre Positionierung brauchen – und wie Sie es realisieren.*

Im nächsten Schritt beschreiben Sie Ihre Lösung genauer:

> *Schritt für Schritt begleitet Sie Autor Thilo Baum von der Idee bis zur Auslieferung und zum Buchmarketing.*

Dann dokumentieren Sie Ihre Absenderkompetenz und zeigen, dass der Leser Ihnen vertrauen kann, weil Sie sich auskennen:

> *Thilo Baum ist Autor von mehr als zehn Büchern und kennt sowohl die Verlagswelt als auch das Selfpublishing. Nutzen Sie seine Erfahrung!*

Jetzt skizzieren Sie den Himmel auf Erden für den Kunden für den Fall, dass er Ihr Buch kauft und liest:

> *Am Ende haben Sie einen klaren Plan zu Ihrem Buch, wählen die richtigen Tools und bringen ein professionelles Buch auf den Markt.*

Wenn Sie jetzt noch Lust und Platz haben, beschreiben Sie Ihr Warum (ich lasse das bei diesem Buch weg, aber der folgende Satz wäre eine Option):

Ein wichtiges Buch für die Publizistik, damit das professionelle Handwerk der Buchproduktion erhalten bleibt.

Also: Der Klappentext bringt am Ende eine Positionierung auf den Punkt, nämlich Ihre Buchpositionierung. Und wie Sie möglicherweise sehen, sind diese Texte komplett einfach. Es sind keine akademischen Ausflüge, es finden sich darin keine abseitigen Gedankenschleifen, die Wortwahl ist vollkommen einfach und sofort verständlich. Was auf viele Menschen einfach wirkt, ist aber die eigentliche Arbeit: Die Kunst ist nicht, ausufernd ein Thema auszubreiten und alle Aspekte des Themas auszuwalzen, sondern die Kunst ist, das Wesentliche auf den Punkt zu bringen.

Das ist übrigens ein Phänomen, dem ich immer wieder begegne: Viele Kunden und auch Kollegen sagen, aus meinem Munde klängen ihre Themen so klar und einfach – das geschieht beispielsweise dann, wenn wir im Rahmen der Rednerausbildung bei der GSA die Themen der Teilnehmer besprechen. Mein Anliegen ist in aller Regel jedes Mal das gleiche: Ich appelliere an die Teilnehmer, ihre ach so originellen Gedankenspiele und Wortgirlanden zu vergessen und erst mal ganz einfach zu sagen, worauf sie überhaupt hinauswollen. Auch bei der Bewertung von Geschäftsideen interessiere ich mich nicht primär für die Geisteskraft des Gründers und seinen intellektuellen Unterbau, sondern für Graubrot, also den Kern der Geschäftsidee, auf ihren wesentlichen Punkt heruntergebrochen. Genau darum geht es auch bei jeder Buchpositionierung.

Dass Sie Ihren Klappentext vor dem eigentlichen Buch schreiben, hat durchaus einen Sinn: Indem Sie sich zwingen, die Kernbotschaft Ihres Buches auf den Punkt zu bringen, schärfen Sie Ihren Blick für das, was Sie schreiben werden. Es ist ungleich leichter zu schreiben, wenn Sie beim Schreiben die ganze Zeit über genau wissen, worum es überhaupt geht. Sie bleiben also beim Thema. Sie vermeiden unsinnige Abschweifungen und sophistische Exkurse und richten Ihren Fokus stattdessen strikt auf die Intention Ihres Buches. So sorgen Sie dafür, dass Sie Ihre Zielgruppe nicht verlieren.

Also: Wie lautet Ihr Klappentext? Halten Sie sich gerne an meine Fragen und beantworten Sie sie der Reihe nach. Und dann reihen Sie die Antworten aneinander. Im Idealfall haben Sie dann einen Klappentext, der verkauft. Inzwischen dürfte auch deutlich geworden sein, weshalb wir auch die Wahl des Buch-Genres vorher klar getroffen haben – beim Sachbuch geht es weniger um Ihre Tipps und Tricks als um Ihre Thesen und Positionen.

Der Titel

Steht der Klappentext, machen Sie sich an den Titel. Ein Buchtitel ist noch einmal eine Zuspitzung, eine weitere Reduktion des Wesentlichen auf den Punkt.

Im Journalismus entstehen Überschriften meist erst

nach dem Manuskript. Möglicherweise aber hat ein Reporter oder Redakteur einen »Spin« im Kopf, also einen bestimmten Dreh, in dessen Richtung eine »Geschichte« gehen soll – dann ist die Überschrift oft vorher klar.

Medienleute sprechen übrigens tatsächlich von »Geschichten«, ganz so, als seien die vielen Berichte fiktional. Ein Synonym für »Spin« ist das »Narrativ«, also die »Erzählung«, wenn Sie so wollen, und in diesem Narrativ sind einige Prämissen gesetzt. Diese Prämissen ergeben in ihrer Gesamtheit eine Tendenz. Klassische Narrative in Medien sind beispielsweise Prämissen wie »Mieter sind gut, Vermieter sind böse« oder »Arbeitnehmer sind gut, Arbeitgeber sind böse«.

Wenn eine Geschichte nicht nur berichten, sondern auch die öffentliche Meinung manipulieren soll, beispielsweise im Sinne Donald Trumps oder im Sinne seiner Gegner, arbeitet man bei den Medien mit solchen Spins. Mustergültige Beispiele für Storys mit Spin waren die Reportagen von Claas Relotius beim »Spiegel«, die für eine heftige Glaubwürdigkeitskrise gesorgt haben. In der Folge hat sich der »Spiegel« den Abschied von Spins verordnet.[8] In den neuen Standards heißt es: »Ein SPIEGEL-Text muss eine Idee und eine These haben, aber er darf keinen Spin haben, dem die Argumentation untergeordnet wird.«[9]

---

[8] https://www.spiegel.de/backstage/nach-diesen-standards-arbeitet-der-spiegel-a-d80c52f5-fa6e-4463-a8de-513f15fcb29b

[9] https://cdn.prod.www.spiegel.de/media/57cc39f7-8c5c-4b2f-8758-eb99b21b4259/Spiegel_Standards_2020.pdf

Warum Sie den Titel möglichst früh brauchen

Bei einem Buch ist ein Spin vollkommen in Ordnung, weil Sie ja keinen Anspruch auf die letztgültige Wahrheit erheben – während der Journalismus gemäß seinem Handwerk möglichst ausgewogen berichten soll. Für Sie gilt etwas anderes: In Ihrem Sachbuch folgen Sie Ihrer These und lassen Ihr Weltbild einfließen – weswegen Ihre Argumentation aber nicht falsch oder fehlerhaft sein sollte. Und beim Ratgeber dominiert Ihre Methode.

Ihr Spin beim Sachbuch kann auf Ihrer Meinung beruhen, und das ist absolut legitim. Beim Ratgeber kann Ihr Spin auch aus einer Zuspitzung der Zielgruppe bestehen – wie in diesem Buch zum Beispiel, das vor allem Businessexperten in den Fokus nimmt und andere Leute ausblendet. Es ist beispielsweise nicht unbedingt etwas für Fantasy-Autoren oder für Menschen, die das Schreiben für ihre Traumabewältigung brauchen.

Entsprechend darf auch Ihr Buchtitel früh entstehen und nicht erst dann, wenn das Manuskript fertig ist.

Es gibt übrigens noch mehr Gründe dafür, den Buchtitel möglichst früh festzulegen:

- Der Titel ist eine weitere Zuspitzung, die Sie dazu zwingt, noch fokussierter beim Thema zu bleiben und Ihre Zielgruppe nicht aus den Augen zu verlieren.

- Je früher Sie den Titel fertig haben, desto früher können Sie das Cover finalisieren. Sobald Ihr Cover fertig ist, können Sie das Buch beispielsweise schon bei Amazon bestellbar machen – und Sie generieren Verkäufe, obwohl Sie noch am Buch schreiben.
- Je früher der Titel fertig ist, desto früher können Sie Ihr Marketing und Ihre PR-Aktionen vorbereiten.

Aus diesen Gründen finden Sie in diesem Buch den Arbeitsschritt »Der Titel« noch vor dem Arbeitsschritt »Das Manuskript«.

Sicher kennen Sie auch den Begriff »Arbeitstitel«. Ein Arbeitstitel ist ein provisorischer Titel, mit dem Sie erst mal arbeiten und den Sie später möglicherweise ändern. Aber ganz im Ernst: Wozu sollten Sie mit Arbeitstiteln arbeiten? Ich halte es für viel klüger, sich einmal konzentriert Gedanken zu machen über den treffenden Titel, mit dem Sie Ihr Buch auf den Markt bringen wollen. Dabei entstehen sicher mehrere Varianten, die Sie prüfen: Gibt es bereits ein Buch mit diesem Titel im Verzeichnis lieferbarer Bücher oder – einfacher – bei Amazon? Bringt der Titel die Positionierung Ihres Buches auf den Punkt und spricht er die Zielgruppe tatsächlich an? Wenn Sie sich für einen Titel entscheiden, der gut durchdacht ist, brauchen Sie eigentlich keinen Arbeitstitel, der von vornherein ein Provisorium ist.

Für mich ist das Denken in Arbeitstiteln Teil des üblichen langsamen Tempos, wenn es um die Buchproduktion bei Verlagen geht. Es ist ein überflüssiger Schritt und im

Prinzip doppelte Arbeit. In Zeiten der Digitalisierung sind viele Produktionsschritte nicht mehr nötig, an die sich zahlreiche Verlage noch immer halten, beziehungsweise: Wenn Sie heute einen Verlag gründen würden, würden Sie gewiss auf manche überflüssigen Etappen und vermeidbare Arbeitsdoppelungen verzichten. Im Kapitel über Verlage und Selfpublishing kommen wir noch näher zu dem Phänomen, dass manche Verlage das heutige Tempo verschnarchen.

Kurz: Es lohnt sich, gleich vorab darüber nachzudenken, wie das Buch final heißt. Klassischerweise entstehen Überschriften zwar nach dem Text, aber hier ist es vor allem wichtig, das Buch möglichst früh zu platzieren.

Titelschutz oder nicht?

Die Geister scheiden sich ganz massiv bei der Frage, ob Sie für Ihr neues Buch einen Titelschutz brauchen oder nicht. Titelschutz ist eine Art Reviermarkierung: Sie erklären öffentlich, dass Sie einen bestimmten Titel verwenden, und reklamieren diesen Titel für sich nach den Paragrafen 5 und 15 des Markengesetzes. Die rechtlichen Details will ich hier gar nicht so sehr vertiefen, weil ich kein Medienrechtler bin – eher will ich Sie dazu animieren, angesichts des möglichen hohen Tempos der heutigen Buchproduktion die angebliche Notwendigkeit eines Titelschutzes zu hinterfragen.

Wenn Sie für Ihr Buch einen treffenden Titel gefunden haben, den es bei Amazon nicht als Buchtitel gibt, ist die Wahrscheinlichkeit gering, dass jemand gerade jetzt ein

Buch mit dem gleichen Titel schreibt. Wenn Sie ganz sichergehen wollen, können Sie Ihren Titel schützen, indem Sie ihn im »Titelschutzanzeiger« oder in vergleichbaren Medien veröffentlichen. Zu Offlinezeiten war das relativ teuer und mit viel Aufwand verbunden, weil es tatsächlich um den Abdruck Ihres Anspruches in einer Publikation aus Papier ging; heute dagegen funktioniert das schneller, leichter und billiger online. Trotzdem arbeite zum Beispiel ich nicht mehr mit Titelschutz – früher habe ich das gemacht, aber es war im Rückblick nicht nötig und am Ende nur ein Beleg meiner Eitelkeit, die den Titel für weltbewegend hielt. Sobald Sie Ihren Titel finalisiert und auch ein Cover bei Amazon eingestellt haben, ist Ihr Anspruch eigentlich klar.

Natürlich sollten Sie prüfen, ob jemand anders für Ihren Titel Titelschutz beansprucht; in diesem Falle sollten Sie einen anderen Titel wählen. Aber erfahrungsgemäß genügt es, wenn Sie Ihren Titel so lange niemandem verraten, bis Sie Ihr Cover bei Amazon platziert haben.

In jedem Fall sollten Sie auch prüfen, ob Ihr Titel als Marke existiert – das geht über die Website des Deutschen Patent- und Markenamtes – und ob es eine Internetdomain dazu gibt. In keinem Fall ist es ein Fehler, wenn Sie Ihren Buchtitel auch gleich als Domain registrieren und natürlich auf der Domain auch eine Website veröffentlichen, auf der es um Ihr Buch geht. Möglicherweise heißt Ihr Vortrag, sofern Sie einen planen, wie Ihr Buch – vor allem dann ist es klug, dafür die passende Internetdomain zu besitzen.

Hauptüberschrift emotional, Unterüberschrift rational

Lassen Sie uns zur technischen Seite eines Titels kommen. Ein Buchtitel ist am Ende eine Überschrift. Eine Überschrift verstehen die meisten Menschen als eine einzelne Textzeile. Das ist auch verständlich, schließlich hatten unsere Aufsätze in der Schule auch nur eine Überschrift und nicht mehrere. Dass gute Überschriften aus mehreren Elementen bestehen, ist durch die Schule etwas untergegangen.

Der klassische Aufbau eines Titels ist die Kombination aus einer Haupt- und einer Unterüberschrift – beziehungsweise aus »Hauptzeile« und »Unterzeile« oder auch aus »Schlagzeile« und »Untertitel«, wie es in Österreich heißt. Wir haben also eine Hauptzeile in größerer Schrift und eine Unterzeile in kleinerer Schrift. Diese Kombination kennen Sie aus der Zeitung und natürlich auch von Büchern.

Das Geheimnis bei dieser Kombination ist ganz einfach: Die Hauptüberschrift in großen Buchstaben soll die Aufmerksamkeit der Menschen erregen, sie ist also tendenziell eher emotional. »Emotional« gibt keine Richtung vor, also welche Emotionen die Hauptüberschrift wecken soll. Es geht einfach nur darum, dass Emotionen entstehen, und diese Emotionen können die verschiedensten sein: Freude, Angst, Lust, Abscheu – egal. Auch Verblüffung, Irritation und Provokation sind mögliche Wirkungen einer emotionalen Hauptüberschrift. Die bekannteste Hauptüberschrift der »Bild« dürfte »Wir sind Papst« vom 20. April 2005 sein, eine provokante Irritation.

Die Unterüberschrift – die kleinere Zeile unter der emotionalen Hauptüberschrift – ist dagegen rational. Sie geht entweder ins Detail oder beleuchtet den Kontext. Die Unterüberschrift ist also sachlich und bringt Informationen, während die Hauptüberschrift vorrangig die Aufmerksamkeit der Leute wecken soll.

Bei »Wir sind Papst« lautete die Unterüberschrift: »Unser Joseph Ratzinger ist Benedikt XVI.« – die Unterüberschrift vermittelte also schlicht die Sachinformation. Das Wort »unser« ist zwar nicht sachlich – es ist eine Einordnung oder Wertung –, aber lassen wir es als Unschärfe in einer ansonsten sachlichen Unterüberschrift durchgehen.

Entscheidend ist hier die Funktion der Unterzeile: Die Aussage »Joseph Ratzinger ist Benedikt XVI.« bringt einfach nur den Sachverhalt auf den Punkt und transportiert die Nachricht selbst.

Und das ist das Interessante: Die News steckt oft nicht in der Hauptüberschrift. Das hat im Falle der Papstwahl 2005 natürlich auch damit zu tun, dass die Öffentlichkeit die Nachricht schon aus den Abendnachrichten des Vortages kannte und die »Bild« für den Folgetag einen neuen Zugang brauchte, hier eine Art Interpretation des Geschehens. Auch am 12. September 2001, dem Tag nach den Anschlägen auf das Word Trade Center und das Pentagon, war die Schlagzeile der »Bild« nicht die Nachricht, sondern eine Einordnung: »Großer Gott, steh uns bei«. Viele Nachrichten in Zeitungen sind vom Vortag bekannt oder auch vorab online, das ist ja eben ein Grund für die Auflagenrückgänge bei

Zeitungen. Dementsprechend formulieren Zeitungen zunehmend Einordnungen und Interpretationen in ihren Überschriften, oft genug auch in der Schlagzeile, also dem Titel auf Seite 1.

Eine Sonderform ist die Dachzeile – eine kleinere Textzeile über der Hauptüberschrift, die den großen Rahmen darstellt, den Kontext. Eine Dachzeile ordnet die Nachricht in eine Kategorie ein und lautet beispielsweise »Interview« oder »Bücher«, bei tagesaktuellen Nachrichten auch mal »USA« oder »Impeachment-Verfahren«. Dachzeilen formulieren Zusammenhänge, in denen sich mehrere Nachrichten ansiedeln, die sich gewissermaßen bündeln lassen.

Für die Buchproduktion spielt die Dachzeile im Grunde keine Rolle, hier geht es um Haupt- und Unterüberschrift. Wenn Sie sich Bücher anschauen, halten sich sehr viele an das Prinzip der zwei Überschriften. Und sie halten sich auch an das merkwürdige Prinzip, dass die sachliche Information in der Unterüberschrift steht. Nehmen wir meine Bücher: »Komm zum Punkt!« ist die Hauptzeile, »So drücken Sie sich klar aus« die Unterzeile. »Schluss mit förmlich!« lautet die Hauptzeile, »So gelingt menschliche Unternehmenskommunikation« die Unterzeile. Der Nutzen des Buches steht jeweils in der Unterüberschrift, nicht in der Hauptüberschrift. Die Hauptüberschriften dieser beiden Bücher sollen provozieren – darum auch die von vielen Menschen verschmähten Ausrufezeichen – und den Blick des Betrachters auf die Unterüberschrift lenken, die dann einen Nutzen verspricht.

Auch beim Sachbuch findet sich das Prinzip: Der Gerichtsmediziner Max Steller, der sich mit Zeugenaussagen von Kindern bei Strafermittlungen befasst, hat ein spannendes Buch herausgebracht mit dem Titel: »Nichts als die Wahrheit?« – mit einem Fragezeichen am Ende. Wir kennen die Wendung »Die Wahrheit, die ganze Wahrheit und nichts als die Wahrheit«, und Stellers Titel nutzt die Referenz in unserem Gehirn zum Ankern. Das ist eine legitime Weise, einen Haupttitel zu formulieren: Sie nehmen beispielsweise die Redensart »Kleider machen Leute« und wandeln »Leute« in »Kohle« um: »Kleider machen Kohle«. Schon haben Sie eine Hauptzeile zum Thema Stilberatung.

Die Unterüberschrift von Stellers Buch heißt: »Warum jeder unschuldig verurteilt werden kann« – und schon haben Sie die Story, also den Spin des Buches. »Nichts als die Wahrheit?« sagt erst einmal nicht viel, aber es macht neugierig – das ist die Funktion der Hauptüberschrift. »Warum jeder unschuldig verurteilt werden kann« transportiert die öffentliche Relevanz des Themas: Es ist ein Zustand, der im Rechtsstaat eigentlich nicht sein darf.

Dass wir es hier nicht mit einem Ratgeber zu tun haben, sondern mit einem Sachbuch, ergibt sich auch sonnenklar: Ein Ratgeber zu Stellers Thema hätte eher die Unterüberschrift »Wie Sie sich gegen falsche Beschuldigungen wehren«. Im Buch fänden sich Verteidigungsstrategien, Listen mit Tipps und Paragrafen sowie Checklisten für Beschuldigte und Anwälte. Und auch die Hauptüberschrift müssten wir ändern; wir müssten zumindest das Fragezeichen streichen.

KISS – auch in der Überschrift

Erinnern Sie sich an das Prinzip »Keep it simple and stupid« (»KISS«)? Das gilt auch für Überschriften. Und das meine ich jetzt wirklich komplett simpel. Eine Überschrift muss findbar sein, wenn sie jemand sucht. Also sind Spielereien tendenziell schwierig. Sobald Sie mit Klammern arbeiten, mit Schrägstrichen und anderen Sonderzeichen, machen Sie es den Leuten schwer, Ihr Buch zu finden. Auch Wortspiele können ein Buch schwerer findbar machen.

Einen wirklich schönen Buchtitel hat mein Kollege Jon Christoph Berndt veröffentlicht. Es geht um die Frage, wie wir die Aufmerksamkeit von Menschen gewinnen. Der Titel heißt, in Großbuchstaben: »AUKMERFSAMKEIT«. Das Gehirn liest »Aufmerksamkeit«, weil wir beim Lesen den Sinn erfassen. Aber tatsächlich ist das Wort fehlerhaft, weil das K und das F ihre Plätze getauscht haben.

Redaktionell und künstlerisch finde ich den Titel sehr gut – er transportiert in sich selbst, worum es geht. Aber technisch muss man eben gewährleisten, dass das Buch findbar ist, wenn der Kunde das Stichwort »Aufmerksamkeit« eintippt, das ja gar kein Teil des Titels ist. Das »KISS«-Prinzip gilt also auch für die technische Praktikabilität einer Überschrift und jedes Buchtitels.

Eine Konvention im Buchmarkt ist es übrigens, in Titeln auf Kommas zu verzichten – das gilt für Haupt- und Unterzeile. Also lautet beispielsweise die Unterüberschrift von Marc Wallerts Buch bei Econ: »Von der Kunst nicht den Kopf zu verlieren«, und da fehlt ein Komma. Ich würde dieses Komma setzen, auch in einer Überschrift. Halten Sie es natürlich bitte, wie Sie wollen, aber ich empfinde ein fehlendes Komma in einem Titel als Tippfehler, der mir das ganze Buch madig machen kann. Und woher sollten normale Leser von dieser internen Verlagsschrulle wissen?

Und erlauben Sie mir eine Bemerkung zum R im Kreis. Sie kennen das Symbol (»®«), es soll eine Marke kennzeichnen. Mein Tipp für Sie als Geschäftsmann oder -frau: In einem Buchtitel hat das Ding nichts verloren. Erst einmal ist das Zeichen in der EU sowieso irrelevant, und dann wirkt es viel zu übertrieben für die einfachen Wortschöpfungen, hinter denen es steht. Wie gesagt: Schützen Sie Ihren Titel markenrechtlich, sofern das geht – das wichtigste Hindernis ist, wenn eine Bezeichnung beschreibend ist, also beispielsweise »Bäckerei« für eine Bäckerei. Schöpfungstiefe ist also gefragt. Ein Titel ist etwas Redaktionelles, nichts Marketingartiges. Ihr Coverdesign können Sie Ihrem Corporate Design anpassen, aber der Titel selbst steht in jeder Schrift und Schriftgröße für Ihr Buch, zum Beispiel bei Amazon.

Der Umfang

Im Abschnitt über die Belletristik haben wir ja bereits über den Umfang von Büchern gesprochen – das werden wir jetzt ein wenig vertiefen. Wie umfangreich Ihr Buch wird, hat einige konkrete Auswirkungen, die Ihnen bewusst sein sollten.

Zum einen ist klar: Je umfangreicher Ihr Buch ist, desto mehr müssen Sie schreiben oder schreiben lassen. Der Aufwand ist also je nach Umfang unterschiedlich groß. Ich selbst bin Schnellschreiber, so habe ich beispielsweise das Buch »Schluss mit förmlich!« (etwa 200 DIN-A5-Seiten) in etwa sechs Wochen geschrieben, und dieses Buch übers Büchermachen (etwa 250 DIN-A5-Seiten) ist in etwa vier Wochen fertig geworden. Das ist ein Grund dafür, dass ich gerne Bücher schreibe: Es macht Spaß, ich bin im Flow, und ich habe rasch Ergebnisse.

Ghostwriting?

In meiner Zeiteinteilung nutze ich Phasen ohne Reisen und Seminare also konsequent zur Content-Entwicklung. Würde mir die Content-Entwicklung nicht so leichtfallen, würde ich sie vermutlich auslagern und eine Agentur damit beauftragen – wie das auch viele Kollegen tun, denen das Schreiben nicht so liegt.

Damit sind wir bei einer spannenden Frage: Sollen Sie einen Ghostwriter beauftragen oder selbst schreiben? So generell kann ich das für Sie nicht entscheiden. Der Vorteil eines Ghostwritings ist natürlich vor allem, dass Sie das Schreiben selbst von der Backe haben und dadurch mehr Zeit für andere Marketingaktivitäten. Ganz mühelos wird es aber trotzdem nicht, weil Sie Ihren Ghostwriter briefen und immer wieder schauen müssen, ob das Buch in die richtige Richtung geht. Auch bei der Positionierung des Buches sind Sie gefragt – Sie müssen einverstanden sein mit dem Titel, dem Klappentext und dem Aufbau der Argumentation, also dem Inhaltsverzeichnis. Und Sie müssen natürlich bereit sein, je nach Anbieter für einen 200-Seiten-Ratgeber etwa 20.000 bis 30.000 Euro hinzulegen.

Es klingt so leicht, einem Profi das Schreiben zu überlassen, aber auch ein Profi muss sich in Ihr Thema reindenken und muss es erfassen, dann muss er recherchieren und möglicherweise aktuelle Studienergebnisse finden, die Ihre Thesen stützen – das alles braucht Zeit. Bei der Frage, ob Sie ein Buch brauchen, sollten Sie darum unbedingt die Überlegung berücksichtigen, dass Ihnen das Projekt entweder ein Loch in Ihre Terminplanung schlägt oder ein Loch in Ihren Geldbeutel. Wenn Sie Ihr Buch selbst schreiben, brauchen sie mit hoher Wahrscheinlichkeit länger als ich, und dieses Zeitkontingent sollten Sie haben. Bei 200 Seiten können Sie sich schätzungsweise auf mindestens ein Vierteljahr Arbeit einrichten, bei der Sie jeden Tag mindestens zwei oder drei Stunden parallel zum Tagesgeschäft schreiben – nach meiner Empfehlung am besten frühmorgens.

Nicht bei der Zeichenzahl schummeln

Wenn Sie sich für einen Ratgeber von 100 Seiten entscheiden, dann geht das schneller oder wird billiger – aber dann ist Ihr Buch eben kein »großes« Buch, sondern mehr oder weniger ein Fast-Reader und damit weniger repräsentativ als ein 200- oder 300-Seiten-Ratgeber. Und zu schummeln würde ich Ihnen nicht raten: Natürlich können Sie die Schriftgröße anpassen, aber größer als hier in diesem Buch (11 Punkt) sollte sie nicht sein. Auch der Zeilenabstand ist hier mit 1,3 quasi ausgereizt – alles Höhere sieht nicht mehr schön aus. Also hat eine DIN-A5-Seite etwa 1500 Zeichen, insgesamt hat dieses Buch rund 350.000 Zeichen – ein guter Grund, externe Tastaturen zu verwenden.

Auch mein Buch »Schluss mit förmlich!« ist auf DIN A5 gedruckt. Dort passen auf eine Seite ungefähr 2100 Zeichen, denn die Schrift ist kleiner (10 Punkt), und der Zeilenabstand liegt bei 1,15. So kommt das Buch bei 200 Seiten auf 412.000 Zeichen. Auch die Schrift ist eine andere: Hier lesen Sie eine Cambria, in »Schluss mit förmlich!« eine Corbel, wobei aber die Zeichenzahl pro Zeile gleich ist.

Welche Schrift und Schriftgröße Sie auswählen, besprechen wir noch, aber deutlich sollte schon jetzt werden, dass das Schummelpotenzial hier gering ist. Schauen Sie lieber, dass Sie Ihren Umfang mit Substanz füllen – wenn Ihr Stoff »trägt«, werden Sie auch 200 oder 300 Seiten darüber schreiben können. Sollte das nicht gelingen, dürfte etwas an Ihrer Expertise faul sein. Ich bin da tatsächlich rigoros: Wer keine 200 bis 300 Buchseiten füllen kann, hat tendenziell vermutlich eher weniger zu sagen.

Und warum DIN A5? Ganz einfach: Im Buchdruck ist DIN A5 ein Standardformat. Eine Menge Bücher sind im Format DIN A5 gedruckt. Da Druckereien mit DIN-A0-Bögen arbeiten, deren Bezeichnungsnummer sich bei Halbierung des Bogens jeweils um 1 erhöht, fällt kein Papierabfall an, weil die Druckerei einfach nur Bögen halbiert: DIN A5 ist die Hälfte von DIN A4, DIN A4 die Hälfte von DIN A3, DIN A3 die Hälfte von DIN A2, DIN A2 die Hälfte von DIN A1, was die Hälfte von DIN A0 ist. DIN A0 ist ein Quadratmeter.

Wenn Sie ein Sonderformat wählen, wird der Druck teurer als nötig, und ökologisch freundlich sind Sonderformate wegen des Papierabfalls auch nicht.

Schwarz-Weiß? Farben?

Bei der Überlegung, wie umfangreich Ihr Buch wird, sollten Sie gleich auch Sonderelemente einplanen. Haben Sie Grafiken, die sich nur farblich darstellen lassen? Dann wird Ihr Druck teurer als ein reiner Schwarz-Weiß-Druck. Bei vielen Grafiken genügt eine Zusatzfarbe – Sie haben dann zum Beispiel neben dem Schwarz noch ein Grün –, dann spricht man von »2c« (»two colors«, »zwei Farben«). Dann ist das Grün eine Mischung aus den Druckereifarben Cyan, Magenta und Yellow. Teurer wird der 4c-Druck, bei dem Sie neben dem standardmäßigen Schwarz (das im Druckgewerbe »Key« heißt) auch alle drei anderen CMYK-Farben haben. Damit sind fast beliebig viele weitere Farben möglich.

Wie teuer Ihr Farbdruck dann wird, hängt nicht unbedingt von der Zahl der Farbseiten ab, sondern davon, auf welchen Seiten sich die Farbe befinden soll. Beim Druck druckt die Druckerei nicht die Seiten 13 und 14 gemeinsam, sondern sie verteilt alle Seiten auf Schnittbögen und druckt auf DIN-A0-Papier. Dann erst wird gefalzt und geschnitten. Den Aufbau können Sie anhand eines DIN-A4-Blatts selbst nachvollziehen, das Sie dreimal hälftig falten, sodass Sie auf ein kleines Büchlein mit 16 Seiten kommen. Versuchen Sie mal, die Seiten mit einem Stift zu nummerieren, ohne die Ränder aufzuschneiden, und dann falten Sie das Blatt wieder auseinander.

Jetzt sehen Sie, welche Seiten sich gemeinsam auf einem Druckbogen befinden: Die Seiten 13, 4, 1, 16, 12, 5, 8 und 9 liegen in dieser Reihenfolge auf der Bogenvorderseite, und die Seiten 15, 2, 3, 14, 10, 7, 6 und 11 liegen auf der Bogenrückseite. Wenn Sie jetzt Ihre Farbgrafiken theoretisch nur auf einen solchen Bogen verteilen, haben Sie den billigsten Farbdruck. Denn die Druckerei druckt einen vollständigen Bogen entweder in Schwarz-Weiß oder in Farbe, nicht einzelne Seiten darauf.

Wissen Sie übrigens, woher ich das weiß? Aus meiner Zeit als Schlussredakteur beim »Berliner Kurier«. Der »Berliner Kurier« ist ein sogenanntes Tabloid-Format, es ist also gefaltet wie ein einziges Heft – anders als die »Berliner Zeitung«, die aus mehreren »Büchern« besteht, die man erst aufklappen muss, um eine Art Heft oder Buch vor sich zu haben. Wenn ich am Abend die Berichterstattung aktualisiert habe, war das immer eine Abwägung zwischen der journalistischen Notwendigkeit und den Kosten für eine neue Druckplatte. Also ist das Wissen, welche Seiten gemeinsam auf einem Druckbogen sind – und damit auf einer

Druckplatte – praktisch, um Kosten zu vermeiden. Die erste Ausgabe der Zeitung kam gegen 19 Uhr per Bote aus der Druckerei auf meinen Schreibtisch, noch nass von Tinte und entsprechend unaktuell, was die Nachrichtenlage des folgenden Tages betraf. Von diesem sogenannten Frühandruck wurden nur wenige Tausend Exemplare gedruckt – sie gingen in den Kneipenverkauf und auf die spanischen Inseln. Meine Aufgabe war es, die Nachrichtenlage des Abends in die Zeitung einzuarbeiten und je nach Dringlichkeit die Druckerei anzuhalten und neue Druckplatten belichten zu lassen, mit denen dann weitergedruckt wurde. Je später also eine Nachricht reinkam, desto weniger Exemplare der am Folgetag verkauften Zeitung hatten diese Nachricht. Ab 22 bis 22.30 Uhr hatte es selbst bei einer »breaking news« kaum noch Sinn, die Zeitung zu aktualisieren, weil der allergrößte Teil der Auflage eben schon gedruckt war.

Wenn nun abends die Lottozahlen bekannt wurden und auf der Rückseite der Zeitung abgedruckt werden sollten, dann musste ich die Rückseite und die entsprechende Druckplatte ohnehin anfassen – also konnte ich auf Seite 1 auch eine Farbe korrigieren, die sich mit der Farbe einer Anzeige biss, ohne weitere Kosten zu verursachen. Denn Vorder- und Rückseite eines Tabloids stehen nun einmal auf demselben Druckbogen.

Verrückt, oder? Mir kommt dieses Offline-Denken vor wie eine Erinnerung an längst vergangene Zeiten – aber auch heute noch funktioniert der Buchdruck genauso. Und darum ist es für Sie möglicherweise interessant, welche Seiten gemeinsam gedruckt werden und welche nicht.

Die Farbseiten nach diesem Prinzip auszuwählen ist allerdings ein ziemliches Gefrickel. In der Praxis dürfte es zu kompliziert sein, auf diese Weise Kosten zu sparen. Aber mir ist es wichtig, dass Sie verstehen, wie diese Bucheinteilung funktioniert. Wenn Sie sich ein klassisches Hardcover ohne Umschlag von oben anschauen, sehen Sie, dass zahlreiche solcher Bögen im Buchrücken befestigt sind. Darum ist die Gesamtseitenzahl eines Buches nahezu immer durch vier teilbar, oft sogar durch acht oder durch sechzehn. Und deswegen sind in manchen Büchern die letzten Seiten leer.

Es spricht natürlich nichts dagegen, mit Farbseiten zu arbeiten, aber die Kosten steigen dann eben entsprechend. Meine Bücher »Komm zum Punkt!« und »Schluss mit förmlich!« habe ich bei »Tredition« herstellen lassen – darüber später mehr –, und Tredition hat einen wunderbaren Preisrechner, mit dem Sie Ihr Buch kalkulieren können.[10] Hier können Sie ein bisschen herumspielen: Für ein Paperback im Format DIN A5 von 300 Seiten ohne Farbseiten rät Tredition zu einem Verkaufspreis von 11,99 Euro; stelle ich 10 Farbseiten ein, landet der Verkaufspreis bei 13,99 Euro. Bei 100 Farbseiten kommen wir schon auf 31,99 Euro (zu den Preisempfehlungen von Tredition später mehr). Also:

---

[10] https://tredition.de/veroeffentlichung/leistungen/autorenhonorar/preisrechner/

Die Entscheidung, ob Sie mit Farbe arbeiten und wenn ja, in welchem Umfang, ist wichtig.

Und noch einen weiteren Punkt bitte ich Sie zu bedenken: Wenn Sie mit Grafiken arbeiten, müssen diese Grafiken von irgendwoher kommen. Solange Sie selbst keine Grafikerin oder kein Grafiker sind, sollten Sie von selbst gebastelten Grafiken unbedingt Abstand nehmen. Also bedeuten Grafiken einen zusätzlichen Kostenfaktor – das wird ein Verlag überlegen, dem Sie Ihr Exposé einreichen, oder Sie überlegen es selbst, wenn Sie sich fürs Selfpublishing entscheiden.

Auch Fotos müssen von irgendwoher kommen – und dann vor allem auch noch so aufbereitet werden, dass sie gedruckt gut aussehen. Das ist ebenfalls eine große Kunst und ein wichtiger Kostenfaktor.

Wenn Sie mit Grafiken oder Fotos arbeiten, dann sollten Sie die folgende Regel berücksichtigen: Unter Fotos muss eine Bildunterschrift stehen, unter Grafiken nicht. Eine Grafik sollte sich selbst erklären – nur in der wissenschaftlichen Literatur lesen wir darunter Bildunterschriften wie »Abb. 1: Der Verlauf der Fieberkurve«. In der populären Literatur braucht eine Grafik keine Bildunterschrift, sondern sollte sich eben von allein erschließen.

Bildunterschriften unter Fotos sind ein Muss – denn das Gehirn des Lesers will wissen, ob es das sieht, was es zu sehen glaubt. Ist die Dame auf dem Foto tatsächlich Angela Merkel oder ist es ein Double? Deswegen stehen auch unter den Fotos der langjährigen Bundeskanzlerin die Angaben

»Angela Merkel«, »Bundeskanzlerin Angela Merkel« oder auch »Bundeskanzlerin Angela Merkel (CDU)«. Und niemand ruft angesichts dieser nur scheinbar überflüssigen Angabe bei der Zeitung an und fragt, ob man die Leser für bescheuert hält.

Und für Bildunterschriften gilt die simple Regel: Eine Bildunterschrift (kurz: »BU«) beschreibt, was auf dem Foto zu sehen ist – ganz einfach, ganz klar und weder mit Humor noch mit Ironie. Und dann darf eine BU noch eine kleine Zusatzinformation beinhalten, das ist beim Beispiel von Angela Merkel etwa die Bemerkung »CDU«.

Und natürlich – das gilt für das gesamte Buch – müssen Sie die Rechte an allen Grafiken und Fotos haben, die Sie veröffentlichen. Das heißt: Entweder haben Sie das Urheberrecht, weil Sie selbst fotografiert haben, oder Sie haben sich die Nutzungsrechte gesichert, indem Sie beispielsweise einen Grafiker oder eine Grafikerin beauftragt und in der Vereinbarung die Überlassung der Nutzungsrechte vereinbart haben.

Verzeichnisse oder nicht?

Zum Buchumfang gehört dann noch die Frage, ob Sie mit Verzeichnissen arbeiten wollen. Sie kennen das sicher: Am Ende mancher Bücher finden sich Sachwort- und Personenverzeichnisse. Wann macht man das und wann nicht?

Im Jahr 2017 haben mein Kollege Frank Eckert und ich das Buch »Sind die Medien noch zu retten?« herausgebracht

– ein medienkritischer Rundumschlag zum journalistischen Handwerk.[11] Natürlich braucht dieses Buch – es ist ein Sachbuch – ein Sachwort- und ein Personenverzeichnis. Denn jeder Journalist, der das Buch in die Hand bekommt, will wissen, ob er drinsteht. Also haben wir ein Personenregister gemacht. Und weil die Leute möglicherweise auch nach Stichwörtern suchen wie »Döner-Morde«, »Kommentar«, »ARD« oder »Korrektheit, politische«, haben wir noch ein Sachwortregister gemacht. Es ist auch nett zum Stöbern.

Als ungefähren Anhaltspunkt empfehle ich Ihnen die Richtlinie: Ein Sachbuch hat diese Verzeichnisse, ein Ratgeber braucht sie nicht unbedingt. Beim Ratgeber sollte eher das Inhaltsverzeichnis vorne so deutlich sein, dass jeder findet, was er sucht. Ein Sachbuch lesen Menschen meistens von vorne bis hinten, in einem Ratgeber springen sie eher mal herum – und der Ausgangspunkt ist jeweils das Inhaltsverzeichnis vorne und nicht ein Register hinten. Die Systematik Ihres Know-hows muss sich ohnehin im Inhaltsverzeichnis finden – also können Sie sich die Arbeit mit dem Register möglicherweise sparen. Natürlich hängt es vom Thema ab: Bei einem Kochbuch könnte im Inhaltsverzeichnis das Kapitel »Zwiebelkuchen« auftauchen, wobei der Begriff »Zwiebelkuchen« dann aber nicht auch noch im Sachwortregister steht. Dort steht dann vielleicht das Stichwort »Zwiebeln« – für Leute, die ihre Zwiebeln verarbeiten wollen. Mit einer ähnlichen Logik sollten Sie Ihre Leser auch

---

[11] https://www.digistore24.com/product/202645

durch Ihr Buch hindurchleiten.

Wenn Sie sich für ein Verzeichnis entscheiden, empfehle ich Ihnen dringend folgendes Vorgehen: Sammeln Sie von Anfang an am Ende Ihrer Manuskriptdatei Stichwörter und Personen, die für Ihre Leser relevant sein könnten. Erstellen Sie erst mal eine ungeordnete Liste, und natürlich schreiben Sie »Adenauer, Konrad« und nicht »Konrad Adenauer«. Diese Liste erweitern Sie beim Schreiben – alles, was Ihnen während Ihrer Arbeit an Stichwörtern als wichtig erscheint, tragen Sie ein. Erscheint Ihnen ein Stichwort später als unnötig, können Sie es immer noch löschen.

Und erst wenn das gesamte Buch fertiggeschrieben und in den final gültigen Seiten gesetzt ist, ordnen Sie Ihre Liste alphabetisch – und zwar die Personen separat von den Sachwörtern. Die Schriftgröße darf klein sein, Sie können hier auch mit drei Spalten und vielen Silbentrennungen arbeiten – das ist alles in Ordnung. Und ganz zum Schluss, also bevor das Buch in den Druck geht, also nachdem Lektorat und Korrektorat möglicherweise noch Dinge geändert haben, ordnen Sie den Einträgen über die Index-Funktion in Word die Seitenzahlen zu.

Abschließend noch ein Takt zum Höchstumfang: Bücher mit mehr als 400 Seiten verkaufen sich eher schwer – die Leute fühlen sich überfordert. Verboten ist ein so großer Umfang nicht, aber ich selbst verorte das für mich als Schmerzgrenze. Auch 350 Seiten sind schon ein Klopper – aber wie gesagt: Ein gutes Sachbuch oder auch ein guter Roman kann einen solchen Umfang haben, wenn der Stoff die Leute fesselt. Auf der sicheren Seite beim Ratgeber sind Sie in meinen Augen, wenn Sie um die 200 bis 300 Seiten einplanen.

Das Inhaltsverzeichnis

Wissen Sie, was ich im Selfpublishing wirklich schlimm finde? Die lieblosen automatisierten Inhaltsverzeichnisse aus Word heraus. Klar: Die Funktion der Inhaltsverzeichnisse in Microsoft Word ist großartig in der Anwendung – die Überschriften im Inhaltsverzeichnis sind identisch mit den Überschriften im Text, und die Seitenzahlen stimmen. Aber die Designs, die Word für Überschriften vorschlägt, sind grottig und genügen vielleicht für eine Hausarbeit an der Uni, nicht aber für ein schönes Buch.

Das Selfpublishing verführt jetzt die Leute zum Selbermachen, das ist auch gut und richtig so, aber wer kein optisches Gespür hat, der sieht vielleicht gar nicht, dass sein Inhaltsverzeichnis unprofessionell aussieht.

Wenn Sie sich das Inhaltsverzeichnis in diesem Buch hier anschauen, dann sehen Sie, dass es in einer anderen Schrift als der Fließtext steht – mein Fließtext ist wie gesagt in einer Cambria geschrieben, das Inhaltsverzeichnis steht, wie die Überschriften, in einer Calibri. Der Punkt ist dabei nicht, dass es zwei unterschiedliche Schriften sind, sondern dass sich beide Schriften stark voneinander abheben – eine Times New Roman wäre der Cambria noch zu ähnlich. Fürs

Inhaltsverzeichnis wollte ich eine Schrift ohne Serifen haben, während der Fließtext Serifen haben sollte (»Serifen« sind die kleinen Füße, auf denen beispielsweise die senkrechte Linie des Buchstabens F steht – im Kapitel »Das Textformat« später dazu mehr). Für lange Texte ist eine Serifenschrift gefälliger, und in kurzen Texten funktioniert auch eine Schrift ohne Serifen gut.

Also: Akzeptieren Sie nicht das Design, das Word Ihnen für Ihr Inhaltsverzeichnis vorschlägt, sondern passen Sie es an. Das betrifft auch den Zeilenabstand – ihn können Sie bearbeiten, indem Sie mit der rechten Maustaste auf das Inhaltsverzeichnis klicken und dort im Kontextmenü den Punkt »Absatz« auswählen (beim Mac simulieren Sie die rechte Maustaste mit einem Mausklick bei gedrückter ctrl-Taste oder auch mit einer externen Windows-Maus).

Auch sollten Sie bitte unbedingt darauf achten, dass die Überschriften im Inhaltsverzeichnis nur in der E-Book-Version als Links erkennbar sind. Zahlreiche Autoren selbstgemachter Bücher stellen eine Datei her, oft sogar ohne Silbentrennung, und die exportieren sie dann in ein E-Book-Format und eben auch als Druck-PDF – es sieht meistens fürchterlich aus. Wenn Sie Ihr Buch auch als E-Book herausbringen, brauchen Sie am Ende schon deswegen mehrere Dateien, weil das E-Book eine andere ISBN bekommt als das Paperback – und das wiederum eine andere ISBN als das Hardcover, denn schließlich sind es verschiedene Produkte mit jeweils einem individuellen Preis. Sie müssen am Ende also sowieso die Datei zweimal kopieren und dann je nach

Ausgabeformat verschiedene Dinge beachten (Näheres dazu später im Kapitel »Ihr Buch als E-Book«).

Also: Mein Tipp ist, dass Sie das Inhaltsverzeichnis vor dem Schreiben anlegen, dass Sie die automatisierten Funktionen des Inhaltsverzeichnisses bis zum Abschluss Ihres Manuskriptes nutzen und später das Inhaltsverzeichnis designen. Dann splitten Sie die Dateien und nehmen in den Dateien für Paperback und Hardcover die Link-Funktionen raus; fürs E-Book und fürs PDF behalten Sie sie bei.

Ihre Struktur

Die Struktur Ihres Inhaltsverzeichnisses hängt natürlich vom Aufbau Ihres Buches ab, klar. Zugleich aber sollte ein Inhaltsverzeichnis auch dann übersichtlich bleiben, wenn Sie mehrere Hierarchien haben.

Ich empfehle Ihnen eine Hierarchie aus maximal zwei Ebenen fürs Sachbuch und für den Ratgeber und aus bis zu drei Ebenen fürs Fachbuch – es geht bei Sachbuch und Ratgeber also um die Überschriften 1 und 2 – beziehungsweise mit HTML formuliert: um H1 und H2. Diese Überschriften definieren Sie in Word in den Formatvorlagen so, dass sie gut aussehen und sich optisch vom Fließtext abheben (zu Formatvorlagen später mehr im Kapitel »Das Textformat«).

Beim Fachbuch ist die Gefälligkeit fürs Auge nicht so wichtig wie die exakte Hierarchie der Gliederung – Fachleute verbringen oft sehr viel Zeit bei der Lektüre von Inhaltsverzeichnissen, um die Systematik wissenschaftlicher

Argumentationen nachzuvollziehen, bevor sie überhaupt zu lesen beginnen. Deshalb können Sie dort mehr Überschriftenebenen einbauen als beim Sachbuch und beim Ratgeber.

Sicher sind beim Fachbuch noch viel mehr Hierarchien denkbar – denken Sie an ein Buch über sämtliche Tiergattungen, bei denen sich die »Amsel« in die Gattung »Echte Drosseln« einordnet, die wiederum zur Unterfamilie »Turdinae« der Familie »Drosseln« gehört, die wiederum zu den »Singvögeln« gehören, die Teil der Ordnung »Sperlingsvögel« sind, die zu den »Neukiefervögeln« gehören, die eine von zwei Unterklassen der »Vögel« darstellen. Ein solcher Aufbau ist aber bitte nur beim Fachbuch in Ordnung, nicht bei Sachbuch und Ratgeber.

Die Strukturen in Inhaltsverzeichnissen sind unterschiedlich dicht. Manche Autoren geben in ihren Inhaltsverzeichnissen nur vage Hinweise darauf, was im Kapitel steht, während andere das Inhaltsverzeichnis so verfeinern, dass es am Ende fast alle Aspekte im Buch spiegelt und damit das Inhaltsverzeichnis im Grunde fast mit dem Buch identisch ist. Die erste Version ist nicht gut, weil das Buch unklar strukturiert zu sein scheint. Die zweite Version ist nicht gut, weil es die Leute erschlägt. Ihnen empfehle ich eine Variation dazwischen: Ihr Inhaltsverzeichnis sollte nicht vage sein, sondern ausreichend klar dafür, dass sich die Leute schon beim Blick ins Inhaltsverzeichnis in Ihrem Buch orientieren können.

Ein Beispiel für ein sehr vages Inhaltsverzeichnis findet sich in dem Selfpubslishing-Buch »Talking Points. Ein

Politikbuch von Dushan Wegner«. Dieses Beispiel wähle ich, weil es ein Musterbeispiel für ein ganz offensichtlich selbst gebasteltes Buch ist. Und das Qualitätsdefizit findet sich auch im Inhaltsverzeichnis.

Dass das Buch nicht aus Profihand stammt, merken Sie schon am Buchtitel: Der Titel »Talking Points« – ohne eine konkretisierende Unterüberschrift – sagt kaum jemandem etwas. Der zweite Hinweis auf Amateurpublizistik ist die Seite 1, also nach dem Aufschlagen des Buchdeckels: Da steht nämlich ein anderer Titel als auf der U1. Auf Seite 1 steht: »Talking Points. Oder: Die Sprache der Macht«. Hm. Von »Macht« war auf der U1 nicht die Rede. Ich denke jetzt also, es geht in diesem Buch um Sprache. Geht es aber nicht primär – es sind einfach Aufsätze mit politischen Positionen des Autors. Bei Amazon heißt das Buch (Stand März 2020) dann noch mal ganz anders. Da heißt es »Talking Points: Wie Politiker uns an der Nase herumführen – und warum uns das auch noch gefällt«. Der Titel ist insofern genauso unklar wie das Inhaltsverzeichnis. Ich finde, so sollte Ihr Buch auf keinen Fall rüberkommen.

Das nächste Indiz für Laienwerk: Der Buchdeckel des Paperbacks wellt sich. Das Buch liegt nicht geschlossen vor mir, sondern der Buchdeckel steht um 45 Grad nach oben und biegt sich. Das liegt nicht daran, dass es bei mir zu Hause feucht wäre – andere Paperbacks wellen sich nicht. Da hat einfach nur jemand das falsche Material ausgewählt. Ein Blick ins Buch macht die Qualität nachvollziehbar: »Auslieferung/Herstellung: Amazon Europe Core S.à.r.l.«, steht da, und: »Printed in Poland bei Amazon Fulfillment«. Bitte überlegen Sie sich aufgrund dieser Qualitätsmerkmale gut, ob »Fulfillment by Amazon« (FBA) für Ihr Selfpublishing-Buch die richtige Plattform ist.

Sobald Sie das Buch dann irgendwo aufschlagen, zeigt sich Ihnen schon das nächste Defizit: Der Text steht überall linksbündig, rechts flattern die Zeilen in unterschiedlichsten Längen aus. Die Unterschiede reichen bis zu zwei Zentimetern, was das Schriftbild extrem unruhig macht und zumindest mir das Lesen erschwert. Silbentrennungen gibt es so gut wie keine. Auch einen Klappentext auf der U4 gibt es nicht. Der Autor hatte also offenbar wenig für solche handwerklichen Nuancen übrig.

Das Inhaltsverzeichnis schließlich kapiere ich schlicht nicht. Ich weiß erst mal nur: »Talking Points«, »Politikbuch« und »Sprache der Macht«. Mit diesem Vorwissen schaue ich mir das Inhaltsverzeichnis an. Es ist durchnummeriert von 1 bis 39. Es beginnt mit »1. Vorwort 2018« (Seite 1) und fährt fort mit »2. Vorwort 2015« (Seite 5). Hä? Erstes und zweites Vorwort? Das zweite zeitlich vor dem ersten? Nein: »Erstens: Vorwort 2018« und »Zweitens: Vorwort 2015«, so ist es gedacht. Dann geht es weiter mit »3. Waren an der Müritz« (Seite 10) und »4. Effekt: Güte« (Seite 26). »Vierter Effekt«? Nein, gemeint ist: »Viertens: Effekt ›Güte‹«. Die Güte als Effekt also. So geht es weiter mit »Effekten« und auch mit »Exkursen«. Ich kapiere die Struktur des Buches nicht.

Da es keinen Klappentext gibt, der uns etwas verraten würde wie: »Der Autor beschreibt zwanzig Effekte, durch die …«, findet unser Gehirn beim Nachdenken keine Referenz und fühlt sich alleingelassen. Plausibel ist diese Leserführung also nicht unbedingt.

Sehen Sie, worauf ich hinauswill? Plausibilität ist bei einem Inhaltsverzeichnis unabdingbar – es soll uns eine klare Vorstellung von dem Buch geben. Die Vorworte gehören nicht in die Aufzählung, und die Kapitel gehören eindeutig und somit zweifelsfrei erkennbar gekennzeichnet. Das ist eigentlich das Mindeste, was ein gutes Inhaltsverzeichnis braucht, und da sind wir noch lange nicht dabei, uns künstlerisch auszutoben. Erst mal muss das grundlegende Handwerk stimmen, das Buchverlage eben beherrschen.

Wenn der Autor die Kapitel nummerieren will, dann kann er sie auch »Kapitel 1« und »Kapitel 2« nennen – damit wir als Leserinnen und Leser wissen, ob wir »eins«, »erster/erste/erstes« oder »erstens« lesen sollen. Und auch das ist absolut kein Kleinkram, sondern es sind handwerkliche Basics. Es ist falsch anzunehmen, der Leser wisse schon, was gemeint sei. Nur der Autor weiß es, wir Leser können nur mutmaßen. Und wenn der Autor nun weiß, was er sagen will, warum sagt er es dann nicht einfach klar?

Das Problem in Dushan Wegners Buch ist auch, dass uns die Kapitelüberschriften kaum etwas sagen. Da lesen wir: »12. Effekt: Symbolhandlung«. Was sollen wir uns darunter vorstellen? Wir haben keine Ahnung, worum es in dem Kapitel geht, weil der Autor uns keine Orientierung gibt. Ich weiß nicht, wie es Ihnen geht, aber ich lege so ein

Buch genau deswegen sehr rasch wieder weg. Ich lese noch ein, zwei Kapitel quer, aber wenn ich dann keinen Zusammenhang erkenne, keinen roten Faden, dann ist so ein Buch nichts für mich, selbst wenn darin viele kluge Dinge stehen, die möglicherweise wichtig für mich sein könnten.

Mit meinem lieben Kollegen Martin Laschkolnig habe ich im Jahr 2012 das erwähnte Buch »Die Bildungslücke« herausgebracht – eine Anthologie, also ein Buch mit Texten mehrerer Autoren. Alle schreiben über die Bildung, die die Schule uns verschweigt. Damit der Leser sofort weiß, worum es in den einzelnen Kapiteln geht, haben wir quasi ein kommentiertes Inhaltsverzeichnis gebaut: Unter den Titeln der jeweiligen Aufsätze steht – im Inhaltsverzeichnis – eine kurze Synopsis von vier bis fünf Zeilen. Das gibt dem Leser nicht nur Orientierung, wenn er das Buch vor sich hat, sondern wir nutzen damit auch einfach die Vorschaufunktion bei Amazon, die dem Leser das Inhaltsverzeichnis ja zeigt. Wir nutzen das Inhaltsverzeichnis als Verkaufsappell, indem es jeden einzelnen Aufsatz möglichst spannend macht.

Nummerierung oder nicht?

Also – machen Sie es nicht wie Dushan Wegner, der einfach alle Kapitel stur durchnummeriert und dabei nicht einmal die Vorworte ausgenommen hat. Wenn Sie Ihre Kapitel schon nummerieren, dann nehmen Sie Vorwort, Nachwort, Inhaltsverzeichnis, Register und auch das Literaturverzeichnis davon aus. Ihr Buch hat quasi – wie ein HTML-

Dokument – einen »Body« und einen »Head«. Der Körper ist das inhaltlich Relevante – und da nummerieren Sie die Kapitel meinetwegen durch. Der Kopf ist das formal Relevante – und das sind Standards ohne Nummerierung.

Und brauchen Sie nun eine Nummerierung? Nein, es sei denn, Sie beschreiben tatsächlich eine zeitliche Abfolge. Aber selbst dann ist eine Nummerierung nicht unbedingt nötig; das sehen Sie hier in diesem Buch an dem Kapitel »Von der Idee bis zum Buch: Der Prozess«, in dem ich ja eine Reihenfolge beschreibe. Würde ich jetzt die Unterkapitel nummerieren, also »1. Die Idee«, »2. Die Zielgruppe« schreiben, dann wäre mir das zu starr. Denn vielleicht entscheiden Sie, dass Sie Schritt 4 vor Schritt 3 gehen? Ich will Ihnen eine Empfehlung geben und Ihnen keine Vorschriften machen.

Oft verwechseln Autoren übrigens auch im Fließtext die Aufzählung mit der Nummerierung – sie nummerieren Dinge, die im Grunde gar keine Reihenfolge beschreiben, sondern nur eine Ansammlung darstellen. Profis nummerieren wirklich nur dann etwas, wenn es um eine klare Abfolge geht. Nur im Fachbuch und in der wissenschaftlichen Literatur gehört die Nummerierung zum Genre.

Schreiben Sie das Inhaltsverzeichnis vor dem Text

Bitte nehmen Sie also bei Sachbuch und Ratgeber unbedingt von einer wissenschaftlichen Nummerierung mit Ziffern wie »1.1« und »1.2.4« Abstand. So etwas gehört nur in Fachbücher und wissenschaftliche Arbeiten und nicht in

Sachbücher und Ratgeber. Wissenschaftliche Gliederungen bei Sachbüchern und Ratgebern sind – wie die Indizien in Dushan Wegners Buch – ebenfalls zuverlässige Hinweise auf selbstgebastelte Bücher, vor allem wenn die Hierarchie bis in die vierte oder fünfte Ebene reicht.

Lassen Sie mich ein Fazit ziehen zum Thema Inhaltsverzeichnis: Am Inhaltsverzeichnis ist zu erkennen, ob und wie sehr Sie sich Gedanken über Ihre Struktur gemacht haben. Und darum sollten Sie das Inhaltsverzeichnis als erstes großes Zwischenziel Ihrer Buchproduktion betrachten. Nachdem Sie Ihre Idee skizziert haben, machen Sie sich unbedingt ans Inhaltsverzeichnis. Der Klappentext und der Titel können Ihnen dabei schon mal als Orientierung dienen.

Sie können natürlich auch den Klappentext nach dem Inhaltsverzeichnis erstellen – wie gesagt, ich will Ihnen hier nur Empfehlungen geben. Ich denke mir nur: Wenn Sie das Inhaltsverzeichnis vorher erstellen, stopfen Sie möglicherweise zu viel rein, was sich dann im Klappentext nicht kompakt abbilden lässt. Darum wäre mein Rat, dass Sie zuerst Klappentext und Titel formulieren, damit Sie sich bei der Struktur dann nicht aus dem Rahmen bewegen.

Für mich ist die Arbeit am Inhaltsverzeichnis das Allerwichtigste beim Bücherschreiben. Als Erstes formatiere ich mein gesamtes, noch leeres Word-Dokument für den Fließtext (siehe »Das Seitenformat« und »Das Textformat«). Dann schreibe ich die Hauptüberschriften der Kapitel (H1) in mein Word-Dokument, mit einigen Textzeilen Abstand dazwischen. Dann füge ich die Unterüberschriften, also die

Überschriften der Unterkapitel, dazwischen ein. Zwischen allen Überschriften ist also Platz für den Fließtext.

Dann weise ich den Hauptüberschriften das Format »Überschrift 1« und den Unterüberschriften das Format »Überschrift 2« zu. Zwischendurch notiere ich Stichwörter in den jeweiligen Kapiteln, aber mein Hauptfokus liegt auf dem Inhaltsverzeichnis selbst, also der Struktur. Ich arbeite so lange am Inhaltsverzeichnis, bis es final steht. Das dauert – je nach Tagesgeschäft – manchmal bis zu vier Wochen. Bei jeder Gelegenheit schaue ich mir den aktuellen Status meiner Struktur an und überlege, ob die Leserin und der Leser daraus schlau werden. Und erst, wenn das Inhaltsverzeichnis inklusive aller Unterkapitel so weit fertig ist, dass ich sicher sagen kann, nichts mehr daran zu ändern – erst dann setze ich mich an das Manuskript selbst.

Wenn Sie in etwa die gleiche Energie und Zeit in das Inhaltsverzeichnis stecken wie ich, dann wird Ihre Arbeit am Manuskript später um Längen einfacher und schneller. Dann müssen Sie nämlich nur noch die Lücken füllen, also die einzelnen Kapitel und Unterkapitel eintragen. Da Ihre Struktur steht, ist die Gefahr so gut wie nicht gegeben, dass Sie Doubletten einbauen, also manche Dinge doppelt sagen – und Sie werden auch viel weniger umstellen und kürzen, als wenn Sie ohne diese konzeptionelle Vorarbeit mit dem Schreiben beginnen.

Das Exposé

Das Exposé ist ein ganz spannendes Format. Es sind wenige Seiten Text, die einem Verlagsprofi einen plastischen Eindruck von Ihrem geplanten Buch vermitteln. Das Ziel eines Exposés ist, dass sich der Lektor eines Verlags genau vorstellen kann, wie Ihr Buch wird und was drinsteht. Und natürlich, an wen es sich richtet.

Bitte nehmen Sie das Thema »Exposé« ernst! Ein Exposé ist nämlich nicht nur für den Verlag sinnvoll, sondern auch für Sie als Autorin oder Autor. Wenn Sie selbst keinen genauen Plan für Ihr Buch haben, werden Sie sich mit dem Exposé schwertun – und das ist dann ein Alarmzeichen dafür, dass Sie sich nicht genug mit dem Thema »Positionierung« beschäftigt haben. Ist Ihnen dagegen klar, wie Ihr Buch im Einzelnen aufgebaut ist und was wo steht, dann dürfte es Ihnen auch leichtfallen, ein Exposé zu verfassen. Denn dann wissen Sie genau, warum Sie welche einzelnen Punkte im Abschnitt »Verkaufsargumente« aufführen.

Denken Sie noch einmal an das erwähnte Buch von Dushan Wegner, »Talking Points«. Wenn ich mir das Buch so anschaue, dann würde es mich wundern, wenn es dazu ein geeignetes Exposé gibt. Durch ein Exposé ist der Autor gezwungen, sich über seine Zielgruppe und über die Stoßrichtung seines Buches klar zu werden. Doch das Buch »Talking Points« verfügt über keinerlei sinnvolle Leserführung: Es holt die Zielgruppe nicht ab, auf dem Cover steht keine Unterüberschrift, es gibt nicht einmal einen Klappentext auf der U4. Auch wer der Autor ist und was ihm eine wie auch immer geartete Absenderkompetenz verleiht, erfahren wir beim Blick auf das Buch und auf die Umschlagsseiten U2 und U3 nicht – und wenn es irgendwo in einem Kapitel des Buches steht, ist es zu versteckt. Das heißt für mich: Dushan Wegner hat offenbar überhaupt kein Interesse daran, gegenüber seinen Lesern irgendeine Plausibilität herzustellen – und offenbar kommt ihm auch nicht in den Sinn, dass ihn jemand nicht kennen könnte. Schaue ich mir das Buch an, so scheint dem Autor auch völlig gleich zu sein, wie jemand in das Buch hineingleitet, der es in die Hand nimmt. Der Buchtitel »Talking Points« sagt möglicherweise dem Autor etwas; als Leser kann ich mir bestenfalls vage etwas darunter vorstellen, aber das ist zu wenig bei einem Buchtitel. Eine Unterzeile gibt es wie gesagt auf dem Cover nicht. Das Coverfoto übrigens zeigt einen Fischer, der ein Netz auswirft – auf mich wirkt das völlig nichtssagend, weil ich keine Ahnung habe, was das mit »Talking Points« zu tun haben soll – und überhaupt: Wieso ein englischsprachiger Titel? Wer den Begriff »talking point« nachschlagen muss, ist schon raus aus der Reichweite – und so etwas würde einem professionellen Autor mithilfe eines professionellen Exposés nicht passieren. Das Gesamtbild des Buches wirkt auf mich also nicht so, als habe sich der Autor auch nur die geringsten Gedanken darüber gemacht, wie das Buch genau die Menschen erreicht, denen es etwas bringt. Offenbar hat er auch nicht die Hilfe eines Profis in Anspruch genommen, der ihm bei der Buchpositionierung geholfen hätte.

Ein professionelles Exposé hätte den Autor zumindest dazu gezwungen, in einem Klappentext darzustellen, dass wir es hier mit einer Sammlung von politischen Aufsätzen zu tun haben. Und ein professionelles Exposé hätte ihn dazu gezwungen, einige Zeilen über sich selbst zu formulieren und darüber, was ihn dazu kompetent macht, dass wir ihm zuhören. Das alles steht aber nirgendwo – obwohl es wichtig ist: Vor dem Kauf würde ich als Leser gerne entscheiden, ob ich mich überhaupt für ein Buch interessiere. Und dazu ist es wichtig zu erfahren, worum es in diesem Buch geht. Die Arbeit an einem Exposé müsste einen Autor im Grunde dazu zwingen, sich genau darüber Gedanken zu machen, wie sein Buch auf den Leser wirkt, und zwar beim ersten Betrachten mit dem Buch in der Hand oder auch bei Amazon mithilfe der dortigen Vorschaufunktion.

Übrigens kommen erschreckend viele selbstgemachte Bücher so daher – rein aus Autorenperspektive gedacht mit ziemlich wenigen Gedanken für die Sicht des unbedarften Lesers, der die Überlegungen des Autors nicht kennt. Dushan Wegner ist hier wirklich nicht allein. Für mich ist Dushan Wegners Buch ein treffendes Beispiel für zwei Dinge: Einmal braucht ein Buch auch dann ein Exposé, wenn es im Eigenverlag erscheint. Ein Exposé ist wichtig, damit ein Buch am Ende dem potenziellen Käufer auf den ersten Blick etwas sagt. Und dann sehen wir daran, wie wichtig ein guter Lektor ist – oder eine gute Lektorin. Zum Lektorat kommen wir im Detail noch, aber erst einmal wird schon hier klar: Wenn Sie selbst als Autorin oder Autor keine redaktionelle

Kompetenz haben, mit der Sie Ihr Buch auch aus der Sicht anderer Menschen betrachten können, dann brauchen Sie jemanden, der für Sie diese externe Sicht auf Ihr Buch einnimmt und es Ihnen spiegelt, wenn Sie am Leser – also am Kunden – vorbeidenken.

Die Nagelprobe dafür, ob Sie diese externe Hilfe in Anspruch nehmen sollten oder nicht, ist das Exposé: Wenn sich ein Autor zwingt, einen Klappentext zu formulieren, der den Bedarf der Zielgruppe anspricht, dann macht sich der Autor unweigerlich wertvolle Gedanken über den Impetus seines Buches – und er wäre schlecht beraten, die wichtigen Ergebnisse dieser Gedanken auf der U4 zu verschweigen. Und sobald sich ein Autor einen Kopf macht über Konkurrenztitel und Verkaufsargumente für das Buch, wird er die Buchpositionierung ebenfalls weiter schärfen, sofern das Buchkonzept Hand und Fuß hat und nicht völlig konfus ist.

Sofern Sie sich also fürs Selfpublishing entscheiden, betrachten Sie das Exposé bitte als Arbeitsschritt, der in Ihrem Kopf für Klarheit sorgt. Die Kontrollfunktion eines Lektors ist auch dann wichtig, wenn Sie Ihr Buch selbst auf den Markt bringen. Die Möglichkeiten, die wir heute in Sachen Selfpublishing haben, spiegeln zwar die Freiheit wider, dass wir alle Publizisten sein dürfen – eine Freiheit, die sich letztlich aus dem Grundgesetz ableitet. Aber Professionalität ergibt sich aus den technischen Möglichkeiten und der verfassungsgemäßen Freiheit eben nicht.

Deshalb will ich Ihnen dringend zu einem Exposé raten, und zwar auch dann, wenn Sie Ihr Buch im Eigenverlag rausbringen. Das Exposé ist dann natürlich in erster Linie für Sie gedacht – es schadet aber auch nicht, es einem Profi vorzulegen, also jemandem, der schon vielen Autoren bei der Veröffentlichung geholfen hat, oder jemandem, der als Autor oder Autorin schon einige professionelle Bücher auf den Markt gebracht hat. Ein Profi wird Ihnen entsprechendes Feedback geben, wenn er aus Ihrem Exposé nicht klug wird und sich nicht genau vorstellen kann, wofür Ihr Buch am Ende gut ist.

Ein professionelles Exposé besteht aus ...

- Ihrem Titel, bestehend aus Hauptüberschrift und Unterüberschrift. Falls Sie das Exposé bei einem Verlag einreichen, betrachten Sie die Titel als Arbeitstitel, weil der Verlag den Titel womöglich ändert;
- der Nennung des Genres, des Autors, des Umfangs, der ungefähren Zahl der Grafiken und möglicherweise schon der Anzahl der Farbseiten;
- dem Klappentext, den Sie schon für Ihre persönliche Klarheit verfasst haben;
- einigen Zeilen über Sie und darüber, was Sie dazu befähigt, ein Buch zu schreiben – und auch dazu, weshalb ausgerechnet Sie die Kompetenz haben, über Ihr Thema zu schreiben;
- einer detaillierten Zielgruppenbeschreibung und einer Quantifizierung der Zielgruppe im Sprachraum des Buches, also beispielsweise im deutschsprachigen Raum;

- einer Auflistung der Konkurrenztitel. Welche Bücher sind schon auf dem Markt, die für Ihr Buch Wettbewerber sind? Gemeint sind Bücher, die jemand anstelle Ihres Buches kaufen könnte, nicht als Ergänzung zu Ihrem Buch. Welche Vor- und Nachteile für den Buchverkauf haben diese Titel und warum?
- einer Auflistung Ihrer Verkaufsargumente. Welches Alleinstellungsmerkmal hat Ihr Buch, also inwiefern ist es einzigartig? Welches Nutzenversprechen dient als Grundlage dafür, dass Menschen für Ihr Buch Geld ausgeben?
- einer Auflistung konkreter Verkaufsmöglichkeiten durch Ihr Zutun, also beispielsweise Hinweise auf Veranstaltungen mit Büchertisch;
- eine Auflistung von Kooperationen beziehungsweise Kooperationspartnern, durch die Sie den Buchverkauf verstärken;
- Ihrem fundiert durchdachten Inhaltsverzeichnis;
- einem Probekapitel, also zwei bis drei Seiten ausformuliertem Text. Das ist wichtig, damit ein Verlagslektor oder auch ein Buchcoach erkennt, ob Sie schreiben können oder ob das Lektorat des Buches in ein Ghostwriting ausufert – und, ganz wichtig:
- Ihren Kontaktdaten. Notieren Sie unbedingt eine E-Mail-Adresse, unter der man Sie erreicht und deren Posteingang Sie tatsächlich auch täglich checken. Geben Sie eine Telefonnummer an, über die man Sie

tatsächlich erreicht. Und erreichbar sollten Sie natürlich sein.

Das alles sollten Sie auf etwa zehn bis zwölf DIN-A4-Seiten darstellen. Tun Sie das unbedingt! Es sorgt für Klarheit, und Ihr Buch kommt nicht so indifferent daher.

Der Umschlag und das Cover

Auch der Umschlag und das Cover kommen noch vor dem Manuskript an die Reihe. Zu welchem Zweck? Ganz einfach – damit Sie Ihr Buch schon verkaufen können, bevor es überhaupt geschrieben ist. Und wenn Sie Ihr Buch bei Amazon bestellbar machen wollen, sollte das Cover fertig sein; das Buch darf sich noch in der Produktion befinden. Und auch die ISBN brauchen Sie schon – dazu gleich mehr.

Der Umschlag umfasst mehr als nur das Cover. Er besteht aus dem Cover (also der U1), dem Buchrücken und der U4 mit dem Klappentext. Wenn Sie für die Vermarktung schon das Cover brauchen, dann machen Sie gleich den gesamten Umschlag – oder lassen ihn machen – und schneiden dann die U1 als eigenständige Grafik für Amazon & Co. raus. So geht es am schnellsten. Es wäre Unsinn, nur die U1 zu machen und sie später in den Umschlag einzubauen. Leichter ist es, die U1 aus dem fertigen Umschlag herauszukopieren.

Außerdem können Sie den Umschlag als Gesamtheit betrachten – ein untergelegtes Foto beispielsweise kann sich über U1, Rücken und U4 ziehen. Das sieht ziemlich gut aus. Nebeneffekt: Wirklich exakt wird ein Falz selten, und damit Sie keine ungenaue Kante haben am Übergang vom Buchrücken zur U1 und zur U4, legen Sie einfach ein Foto über den gesamten Umschlag.

Letztlich fertigstellen werden Sie den Umschlag aber erst dann, wenn Sie die finale Seitenzahl und die Papiersorte kennen – denn davon hängt es ab, wie breit der Buchrücken wird. Bei Tredition gibt es dazu eine gute Rechenmaschine, die anhand von Seitenzahlen und Papier ermittelt, wie viele Millimeter der Buchrücken breit wird – Sie finden diese Rechenmaschine automatisch, weil Tredition Sie sehr clever durch den Prozess hindurchleitet. Es kommt ein wenig Toleranz für die beiden Knicke dazu. So ergibt sich aus der Coverbreite mal zwei plus der Breite des Buchrückens die Gesamtbreite Ihres Buchumschlags.

Diese Maße geben Sie dann beispielsweise in Photoshop ein, mit dem Sie Ihr Buchcover bauen können – oder Sie überlassen das Cover einem Grafiker oder einer Grafikerin oder nutzen ein Template. Bei Tredition gibt es einige gute Templates, klicken Sie sich da mal unbedingt durch.

Verlage bestimmen das Design oft ohne Autoren

Wenn Sie Ihr Buch in einem klassischen Verlag veröffentlichen, haben Sie vermutlich weniger Einfluss auf das Cover.

Das ist vielen Autoren nicht unbedingt bewusst, die ihr Erstlingswerk herausbringen wollen. Mein Corporate Design arbeitet zum Beispiel mit einem bestimmten Blau, und darum wollte ich auch mein erstes wichtiges Buch – »Komm zum Punkt!« – in diesem Blau haben. Dem Eichborn-Verlag war das damals egal, das Buch wurde grün. Ich verstehe es auch, dass ein Verlag möglichst wenig Reingequatsche vonseiten der Autoren haben will; so geht es mir ja schließlich auch, wenn ich bei einem Projekt den Hut aufhabe.

Heute sind mir die Farben übrigens weitgehend egal, ich habe mit den grünen Büchern zu leben gelernt und habe »Schluss mit förmlich!« in einem unüblichen Braun gehalten. Das hatte einfach den Grund, dass mein Chesterfield-Sofa, das ich als Fotokulisse genommen habe, braun ist. In Photoshop habe ich dann per Pipette den dominierenden Braunton des Sofas isoliert und daraus die Schriftfarbe für den Text auf der U4 gemacht.

Wie der Buchumschlag für dieses Buch hier aussehen wird, weiß ich im Augenblick, wo ich diese Zeilen schreibe, noch nicht. Ich bin gespannt! Hoffentlich sind viele verschiedene Farben drauf. Scherz beiseite: Ich vertraue dem Verlag. Und ich finde, wenn Sie viele Bücher veröffentlichen, darf das Ergebnis gerne bunt sein. Das Design muss keineswegs Ihrem Corporate Design entsprechen, sonst wirkt Ihr Buch eben viel zu sehr wie Werbung und damit weniger seriös. Ein Buch ist etwas Redaktionelles, nichts Marketingmäßiges. Marketingmäßig aufgemachte Bücher mit dem Corporate Design und der korrekten Schrift des Autors oder gar eines Unternehmens wirken manchmal etwas steif und spannenderweise oft auch weniger wertig, was Marketinggläubige oft nicht wahrhaben wollen.

Denken Sie übrigens daran, dass Ihre Photoshop-Datei Schnittränder hat – das bedeutet, der Rand eines Unterlegfotos liegt etwas außerhalb des Umschlagrandes. Und planen Sie ein, dass Sie am Ende zwei Umschläge und ein Solo-Cover brauchen: je einen Umschlag für Paperback und Hardcover (Tredition bietet beides standardmäßig an) und ein einseitiges Cover für Ihr E-Book. Da die drei Formate jeweils verschiedene Preise und auch verschiedene ISBN mit unterschiedlichen Barcodes haben, ist das nötig. Der Barcode für Ihr E-Book im PDF-Format sollte auf dem Cover Platz finden – also auf der U1, eine U4 gibt es beim E-Book nicht.

Wie gesagt, müssen Sie sich um solche Dinge nicht kümmern, wenn Ihr Buch nicht im Eigenverlag erscheint. Aber sobald Sie sich für Selfpublishing entscheiden, sollten Sie sie beachten.

Das Impressum

Auch das Impressum ist nichts, worum Sie sich kümmern müssen, wenn ein Verlag Ihr Buch publiziert. Sobald Sie sich aber fürs Selfpublishing entscheiden, sollten Sie einige Dinge wissen.

Die Pflichtangaben in einem Impressum sind:

- der vollständige Buchtitel
- die laufende Nummer der Auflage
- der Hinweis, dass Ihr Buch in der Deutschen Nationalbibliografie verzeichnet ist (dazu später mehr im Kapitel »Die Deutsche Nationalbibliothek«)
- die ISBN des Buches (der Einfachheit halber können Sie auch alle drei ISBN aufführen und jeweils dazuschreiben, welche ISBN zu welchem Format gehört, siehe beispielsweise in diesem Buch auf Seite 2)
- der Rechteinhaber, also entweder Ihr Name oder der Verlag, den Sie als Unternehmen oder Marke gegründet haben
- Ihre Anschrift oder die Anschrift Ihres Verlages
- sofern Ihr Verlag eine Marke ist, den Hinweis darauf, wem das »Imprint« gehört
- der Ort und das Jahr der Veröffentlichung
- ein Hinweis auf die Herstellung

Wenn Sie sich dazu entscheiden, im Eigenverlag zu veröffentlichen, sind Sie quasi Verlegerin oder Verleger. Damit sind Sie in einer stärkeren Weise rechtlich verantwortlich für eine Publikation als beispielsweise ein Autor, der in Ihrem Verlag ein Buch herausbringt. Selbst wenn Sie für Ihren Verlag keine GmbH gründen, sondern den Verlag nur als Marke Ihres Einzelunternehmens beim Deutschen Patent- und Markenamt anmelden, haben Sie nun die presserechtliche Funktion eines Chefredakteurs oder Herausgebers.

Das klingt erst mal nach einer schweren Last, ist es aber

am Ende nicht, solange Sie keine Rechte verletzen. Wenn Sie mit Falschbehauptungen und Verleumdungen um sich werfen, wird man Sie dranbekommen – das ist aber auch dann der Fall, wenn Sie in einem Verlag veröffentlichen. In so gut wie jedem Buchvertrag steht, dass der Autor dafür geradesteht, dass er mit seinem Werk keine Rechte verletzt; oft sind die infrage kommenden Rechte sogar aufs Urheberrecht und Persönlichkeitsrecht spezifiziert. Daran, dass Verlage sich das unterschreiben lassen, sehen Sie aber auch, dass es am Ende eben die Verlage sind, die presserechtlich in allererster Linie verantwortlich sind. Letzten Endes aber sind bei Rechtsverstößen beide dran – Verlag und Autor.

Die ISBN und die Barcodes

So langsam kommen wir in den spannenden Bereich, wenn es um den Unterschied zwischen der Veröffentlichung in einem Verlag und dem Selfpublishing geht. Um die ISBN – das ist die »Internationale Standardbuchnummer«, die ein Buch eindeutig identifiziert – müssen Sie sich nämlich im Eigenverlag selbst kümmern, während sich bei einer Veröffentlichung in einem Verlag der Verlag darum kümmert.

Zugleich ist es mit der ISBN gar nicht getan: Sie brauchen auch den Barcode, der dieser ISBN entspricht und den Sie als druckfähige Datei auf den Umschlag drucken müssen.

ISBN und dazu gehörige Barcodes erhalten Sie bei MVB, einer GmbH des Börsenvereins des Deutschen Buchhandels.

Erreichbar ist diese GmbH über die Website des Verzeichnisses lieferbarer Bücher (VLB).[12] Wenn Sie sich dort zum Thema »ISBN« durchklicken, landen Sie auf der Seite der Agentur für Buchmarktstandards[13], von wo aus Sie nach einem weiteren Klick zum »ISBN-Shop« gelangen, bei dem Sie paketweise ISBN einkaufen können.[14]

Jetzt ist es wichtig zu wissen, dass ISBN nicht willkürlich vergeben werden, sondern einen bestimmten Aufbau haben. Die dritte Ziffernfolge beispielsweise – etwa nach der »3«, die für Deutschland steht – bezeichnet den Verlag. Das heißt, wenn Sie ISBN einkaufen, dass Sie diese ISBN nur für Publikationen in Ihrem Selbstverlag verwenden können, die man Ihnen beim ersten Kauf zuteilt. Sie registrieren also Ihren Verlag bei MVB und bekommen von dort eine Verlagsnummer. Diese Verlagsnummer ist dann in sämtlichen ISBN enthalten, die Sie bestellen.

Vielleicht fallen Ihnen im ISBN-Shop die merkwürdigen Preise auf: 70 Euro netto für eine ISBN, 180 Euro netto für 10 ISBN, 230 Euro netto für 100 ISBNs, 310 Euro netto für 1000 ISBN (Stand Februar 2020). Sie sehen: Je mehr Sie kaufen, desto weniger kostet es. Wenn Sie jetzt als frischgebackener Selfpublisher denken, Sie sollten gleich 100 ISBN für Ihre nächsten 33 Bücher kaufen – Sie brauchen ja für Paperback, Hardcover und E-Book jeweils eine ISBN –, dann

---

[12] https://vlb.de/

[13] https://german-isbn.de/

[14] https://www.isbn-shop.de/

sollten Sie bedenken, dass Sie über die reinen ISBN hinaus noch die Barcodes brauchen.

Und damit kann es teuer werden, wenn Sie sich auf die üblichen Wege verlassen. Ich habe mal die Rechnung rausgekramt: Ich habe mir die Barcodes zu meinen 100 ISBN von MVB generieren lassen (»Strichcode 100er Paket«) und dafür 399 Euro netto bezahlt. Im Jahr 2019 waren es noch 220 Euro für 100 ISBN. So kam ich ohne Mehrwertsteuer auf einen Rechnungsbetrag von 619 Euro netto.

Über die Kosten für die ISBN selbst will ich nicht klagen, aber die 399 Euro netto für die Barcodes sind eben im Rückblick ein Teil des inzwischen sicher fünfstelligen Betrages, den ich seit Beginn meiner Selbstständigkeit als Lehrgeld zum Fenster rausgeworfen habe, also als Ausgaben, die ich mit ein wenig mehr Wissen oder Erfahrung hätte sparen können. Ich wusste eben nicht, dass es die Booksfactory gibt, bei der ich mir meine Barcodes hätte kostenlos generieren lassen können.[15] Aber weg ist weg, also Schwamm drüber.

Außerdem: Wenn Sie in den Kreis der Verlegerinnen und Verleger eintreten, werden Sie auch jährlich noch bezahlen: mit Rechnung vom 31. Dezember 2019 berechnete mir MVB 115 Euro netto mit den Bezeichnungen »AdB Online Eintrag Adressbuch f. d. deutschspr. Buchhandel 2019« und »Mindestgebühr für Eintrag im VLB 2019«.

Ich will Sie nicht abschrecken, wirklich nicht. Eigentlich

---

[15] https://booksfactory.de/isbn-barcode-generator

will ich Sie vielmehr ermuntern, in sich den Unternehmergeist zu wecken und das Thema Selfpublishing zu durchdringen. Aber wenn Sie sich ohne Vorwissen in dieses Abenteuer werfen, dann lauern da eben Überraschungen. Wenn Sie wollen, können Sie sich auch über meine Naivität lustig machen – meine Erfahrung ist: Niemand weiß alles. Es gibt in jedem Bereich immer wieder Leute, die die undenkbarsten Fehler machen, die wir nie für möglich halten würden. Mein Wunsch ist es, Sie mit diesem Buch vor solchen Überraschungen zu bewahren.

Beim Thema ISBN und Barcode gibt es übrigens eine Besonderheit bei Tredition: Dort gibt es zwei Arten von Account – einmal für Autoren und einmal für Verlage. Wenn Sie einen Account als Autor haben, veröffentlichen Sie Ihr Buch unter dem Label »Tredition«, und Tredition liefert Ihnen die ISBN und auch die Barcodes. Wählen Sie bei Tredition aber einen Account unter »Your Books«, dann firmieren Sie dort als Verlag und nutzen Tredition nur für die Herstellung. Auf dem Buch selbst steht dann nicht »Tredition«, sondern Ihre Verlagsmarke. Damit braucht Ihr Buch keine ISBN mit der Kennung von Tredition, sondern es braucht eine ISBN, die eben spezifisch für Ihren Verlag gilt.

Über weitere Unterschiede zwischen diesen beiden Arten von Account erfahren Sie später noch mehr – wenn es im Kapitel »Verlag oder Selfpublishing?« darum geht, ob Sie nun als eigener Verlag auftreten oder nicht. Ich selbst finde den »Your-Books«-Account von Tredition sehr spannend, weil er mir ermöglicht, selbst Verleger zu sein, ohne mir so nervige Dinge wie die Auslieferung ans Bein zu binden, wobei ich zugleich einen individuellen Verlag habe. Andererseits ist Tredition auch mit dem Autoren-Account höchst attraktiv, weil Tredition dann auch Marketing macht.

Der Preis und die Steuern

Eine überaus wichtige Rolle spielt der Verkaufspreis Ihres Buches. Das ist der Preis, den Sie bei Amazon finden und der oft auch auf der U4 steht.

Bei Büchern gilt der verminderte Mehrwertsteuersatz von 7 Prozent – das heißt: Ein Buch mit einem Verkaufspreis von 17,90 Euro bringt netto 16,73 Euro Umsatz ein. Liegt der Buchpreis bei 19,90 Euro, kommen Sie netto auf 18,60 Euro.

Um den Anfängerfehler in Sachen Mehrwertsteuerberechnung gleich aufzufangen: Natürlich ziehen Sie von einem Bruttopreis von 100 Euro nicht 7 Euro ab, um auf den Nettopreis zu kommen (93 Euro), sondern Sie teilen die 100 Euro durch 1,07 und landen bei 93,46 Euro. 7 Prozent von 93,46 Euro sind 6,54 Euro Mehrwertsteuer, und wenn Sie diese 6,54 Euro zu den 93,46 Euro Nettopreis addieren, landen Sie brutto bei 100 Euro. Die 100 Euro sind also 107 Prozent, nicht 100 Prozent. Beim Mehrwertsteuersatz von 19 Prozent teilen Sie den Bruttopreis entsprechend durch 1,19 und kommen so auf den Nettopreis.

Da sich der Buchmarkt an Verbraucher richtet, arbeitet

der Handel mit Bruttopreisen. Entsprechend üblich ist es, Kalkulationen ebenso auf der Basis der Bruttopreise anzustellen, sofern es Pi mal Daumen um nur wenige Exemplare geht. Aber am Ende müssen Sie für Ihre Kalkulation natürlich die Mehrwertsteuer rausrechnen.

Vorsicht bei der Kleinunternehmerregelung

Falls Sie auf die Idee kommen, diese Mehrwertsteuer brutto wie netto einzuheimsen: Für Ihre Selbstständigkeit – auch als kleiner Autor – rate ich Ihnen von der Kleinunternehmerregelung nach Paragraf 19 des Umsatzsteuergesetzes ab. Wenn Sie Ihre Rechnungen unter Verweis auf diesen Paragrafen schreiben (was Sie dann ja müssen), erkennt jeder einigermaßen professionelle Kunde sofort, dass Sie im Vorjahr maximal 22.000 Euro Umsatz gemacht haben und im laufenden Geschäftsjahr voraussichtlich nicht mehr als 50.000 Euro Umsatz machen werden. Und das sind Informationen, die erstens niemanden etwas angehen, und die Sie zweitens als Anfänger outen.

Es ist sicher nicht schlimm, am Anfang einer Selbstständigkeit weniger Umsätze zu machen. Aber da Sie die Kleinunternehmerregelung als Kleinunternehmer/-in in jeder Rechnung angeben müssen, kann sie wie ein Stigma wirken und bewirken, dass Sie klein bleiben.

Dazu müssen Sie nicht einmal an das Gesetz der Anziehung glauben: Die Kleinunternehmerregelung, sichtbar auf jeder Rechnung, kann Ihnen Folgeaufträge ebenso verhageln wie die Firmierung als Unternehmergesellschaft (UG). Die UG ist frevelhaft formuliert die GmbH für Arme und für Leute, die sich gerade aus einer Privatinsolvenz zu retten versuchen – das ist zumindest die gängige Wahrnehmung im Markt. Auch wenn Sie mit der Kleinunternehmerregelung arbeiten, kann es sein, dass die klassische Geschäftswelt Sie nicht so ernst nimmt wie mit üblicher Vorsteuerabzugsberechtigung.

Der Gesetzgeber hat die Kleinunternehmerregelung letztlich für Liebhaber vorgesehen und für Rentner, die sich auf dem Wochenmarkt was dazuverdienen – nicht für Profis, die an ihrem Image arbeiten sollten. In der öffentlichen Wahrnehmung unter ernst zu nehmenden Geschäftsleuten logiert der Kleinunternehmer kurz vor der Liebhaberei. Ich rate Ihnen dringend, dieses kleine Denken zu verlassen. Das Einzelunternehmen und die GmbH sind in meinen Augen nach wie vor die besten Rechtsformen für Expertenautoren.

Als Expertin oder Experte, die bzw. der mit einem Buch positioniert ist, sollten Sie ohnehin deutlich mehr Umsatz machen als nur 50.000 Euro im Jahr, wenn auch nicht allein durch Ihr Buch, sondern auch durch Vorträge, Seminare und Beratungen. Sofern Ihre Positionierung stimmt, werden Sie vermutlich ohnehin keine Kleinunternehmerregelung brauchen. Was Sie brauchen, sind ständige Kompetenzbeweise und Sichtbarkeit in den Social Media (mehr dazu im Kapitel »Vermarktung und PR«).

Ich will nicht sagen, dass Sie blenden sollen, aber Sie sollten Ihr Licht eben auch nicht unter den Scheffel stellen.

Zeigen Sie ruhig, was Sie haben und können, und treten Sie von Anfang an als Vollprofi auf.

Kauft der Leser Ihr Know-how oder Papier?

Bei der Frage, wie viel Geld sie für ihr Buch verlangen, überlegen manche Autoren, wie wertvoll ihr Know-how ist, das sie in ihrem Buch vermitteln. Dabei gibt es nur ein kleines Problem: Die Leute kaufen nicht den Inhalt, sie kaufen das Buch. Um es beispielhaft zu sagen: Sie können als Käuferin oder Käufer ein Buch reklamieren, wenn es eine Macke hat, also eine physische, greifbare Macke im ursprünglichen Sinne. Aber Sie können es nicht reklamieren, wenn Unsinn drinsteht. Ein Mängelexemplar ist im Preis heruntergesetzt, obwohl sich der Inhalt durch den Mangel möglicherweise in keiner Weise ändert – es genügt ein Knick auf einer Seite oder ein Farbfleck, und schon ist das Buch im Preis reduziert. Aber Fehler im Inhalt reduzieren den Preis nicht.

Deshalb empfehle ich Ihnen, sich an die klassischen Buchpreise zu halten, und das sind beim Paperback eben die Stufen 4,90 Euro, 5,90 Euro, 7,90 Euro und 9,90 Euro bis zur ersten Schmerzgrenze – die 10-Euro-Schallmauer mit einem kleinen Fast-Reader zu durchbrechen, kann schon sehr ambitioniert sein. Hat Ihr Buch ein DIN-A5-Format und um die 200 bis 300 Seiten, geht es weiter mit 11,90 Euro über 14,90 Euro und 17,90 Euro bis zur zweiten Schmerzgrenze von 19,90 Euro – für mehr als 20 Euro sollte ein Paperback wirklich mehr als 300 Seiten haben und wertig produziert sein. Beim Hardcover liegen die Preise beziehungsweise die Schmerzgrenzen höher: Ein schönes Hardcover von 300 Seiten geht auch mal für 24,90 Euro gut weg. Am besten gehen Sie zu Hugendubel oder Dussmann und schauen nur nach Buchpreisen, um sich zu orientieren.

Was ist mit Schwellenpreisen?

Und was ist mit Schwellenpreisen? Also mit Preisen, die auf 97, 98 oder 99 Cent enden, wie im Supermarkt? Dazu erst einmal ein Vorgedanke: In der Schweiz beispielsweise sind Schwellenpreise unüblich. Dort kostet eine Tafel Schokolade 2,30 Franken oder 2,60 Franken. Bücher kosten in der Schweiz meinetwegen 25 Franken oder auch 20 Franken – Stellen hinter dem Komma gibt es selten. Die Abneigung der Schweizer gegenüber Schwellenpreisen dürfte sicher auch daran liegen, dass es in der Schweiz keine 1- oder 2-Rappen-Münzen gibt (Französisch: »Centime«). Die niedrigste Einheit beim Bargeld ist die 5-Rappen-Münze, und an der Tankstelle wird gerundet. Das höchste der Gefühle ist es also, wenn der Sechserpack »Noxana« von Frey bei Migros »8,95 Franken statt 12,90 Franken« kostet.

Aber die Schweizer haben immerhin verstanden, wie wir in der Europäischen Union ticken, und so verkauft Migros im Onlineshop den Zehnerpack Frey-Schokolade »Milch Extra fein« für 17,99 Euro. Für EU-Kunden.

Schwellenpreise sind also nicht gottgegeben, sondern eine Konvention. Und die traditionelle Konvention auf dem deutschen Buchmarkt sind Schwellenpreise auf 10 Cent genau, aber niemals auf den einzelnen Cent genau. Ein Schwellenpreis wie 17,90 Euro ist also eher Teil der Gewohnheit als einer wie 17,99 Euro. Daran halten sich die Buchverlage weitestgehend auch – die suggestive Botschaft dabei ist, dass es sich eben bei Büchern um Kultur handelt und nicht um Seife wie beim Discounter. Das heißt: Schwellenpreise mit einer 99 am Ende lassen Ihr Buch eher wie vom Grabbeltisch erscheinen und machen es insofern weniger wertig. Es mag absurd klingen, aber für mich ist es plausibel: Ein Buch für 17,99 Euro wirkt billiger als ein Buch für 17,90 Euro.

Wenn Sie nun den erwähnten Tredition-Preisrechner bemühen, schlägt dieser Ihnen Schwellenpreise mit 99 Cent am Ende vor, also zum Beispiel 17,99 Euro – warum auch immer, keine Ahnung. Vielleicht will man den Effekt ja nutzen, dass 17,99 Euro billiger wirken als 17,90 Euro. Aber ich hätte es gerne wertig. Für mich trägt dieses Pricing zum allgemeinen Kulturverlust bei, und ich finde 99er-Preise bei Büchern entsprechend schauderhaft. Sicher, es mag eine Geschmackssache sein, und vielleicht ändert sich der Buchmarkt ja auch in diese Richtung und öffnet sich den 99er-Preisen. Aber trotzdem ist meine Empfehlung: Stellen Sie im Preisrechner von Tredition einen Preis ein, der auf 90 Cent endet, und passen Sie sich damit der Tradition des Buchhandels an. Die Preise, die Tredition Ihnen vorschlägt, sind nur Mindestpreise, unter denen sich das Buch für Tredition nicht rechnet. Es sind keine Vorgaben. Nach oben können Sie problemlos gehen und dabei beispielsweise einen vorgeschlagenen Preis von 10,99 Euro auf 11,90 Euro oder 14,90 Euro erhöhen. Auf der Basis Ihrer Angaben errechnet Tredition dann die neue Kalkulation mit den Preisen für Ihre Eigenexemplare und für Ihre Anteile aus dem Buchverkauf. Meine Vorschläge für höhere Preise sind bisher immer durchgegangen.

Was ist mit Rabatt und der Buchpreisbindung?

Was Sie übrigens beim Thema Buchpreis auf keinen Fall unterschätzen sollten, ist die Buchpreisbindung. Wenn Sie Ihren Buchpreis definiert und kommuniziert haben, bleibt es dabei. Nach Paragraf 8 des Buchpreisbindungsgesetzes können Sie den Preis ändern, wenn das Buch vor mehr als 18 Monaten erstmals gedruckt wurde, aber dann müssen Sie den neuen Preis überall kommunizieren. Möglicherweise ist es dann sinnvoller, das Buch zu überarbeiten und in einer neuen Auflage zu einem anderen Preis zu publizieren.

Was mir im Zusammenhang mit Expertenbüchern zu Zwecken der Positionierung aber wichtiger erscheint, ist der Hinweis auf Veranstaltungen, für die Sie ein Unternehmenskunde bucht. Immer wieder wollen Unternehmen neben einem Vortrag auch eine bestimmte Menge Bücher abnehmen, um sie an ihre Mitarbeiter zu verteilen. Der Klassiker ist dann die Frage nach einem Rabatt auf die Bücher.

Ich lehne solche Rabattbitten grundsätzlich ab, weise den Kunden auf die Buchpreisbindung hin und berechne für

100 Bücher zum Einzelpreis von 11,90 Euro brutto den Gesamtpreis von 1190 Euro brutto, ohne Rabatt. Das schmeckt einem Entscheider vielleicht im ersten Moment nicht. Aber wenn ich eine Andeutung mache auf die Konsequenzen einer Betriebsprüfung bei mir, bei der ein krummer Deal den Blick der Steuerprüfer auf das jeweilige Unternehmen lenkt, sind eigentlich alle Kunden überzeugt, sich dann doch an die formvollendet legale Methode zu halten. Wenn ich die Perspektive eines Steuerprüfers einnehme, dann kann ich mir schon vorstellen, dass ein kleiner Selbstständiger so manchen Deal eingeht, um den Auftrag zu bekommen. Ich als Steuerprüfer würde das als Anhaltspunkt dafür sehen, dass der Auftraggeber – der ja in aller Regel ein großes Unternehmen oder ein Verband ist – dies bei anderen Vortragenden auch so hält. Da ist also mehr, würde ich mir denken.

Das bedeutet übrigens auch, dass ich niemals Vorträge und Bücher in einem Gesamtpaket verkaufe, sondern jeweils zwei Rechnungen erstelle: eine mit 7 Prozent Mehrwertsteuer für die Bücher und eine mit 19 Prozent Mehrwertsteuer für den Vortrag. In den Gesamtrechnungen mancher Kollegen tauchen mitunter zwar 200 Bücher auf, diese sind aber nicht separat bepreist und gehen so im Gesamtpreis unter. Um mich nicht in dem überaus komplexen Gestrüpp aus Buchpreisbindung und Umsatzsteuerrecht zu verheddern, wähle ich lieber die Variante zweier separater Rechnungen.

Das Seitenformat

Kommen wir jetzt nach diesen vielen Formalien erst noch mal zu weiteren Formalien. Bisher ging es bei den Formalien um Must-haves, die Sie für die Positionierung Ihres Buches im Markt brauchen. Noch sind wir nicht beim Schreiben – pardon. Bei den Formalien, die jetzt folgen, geht es um die Formalien dazu, wie Ihr Text designt sein sollte. Bitte nehmen Sie das ernst: Die Form gibt dem Inhalt die Struktur, die der Leser dann erfassen kann. Es ist wichtig, dass Ihre Buchseiten ordentlich aussehen. Das ist vor allem dann relevant, wenn Sie sich fürs Selfpublishing entscheiden. Veröffentlicht ein Verlag Ihr Buch, setzen die Profis dort Ihr Manuskript so in die Druckdatei, dass das Buch am Ende meistens besser aussieht als beim Eigenbau. Das ist nach wie vor die Regel.

In Sachen Buchgestaltung können sich Selfpublisher von herkömmlichen Verlagen also eine Menge abschauen, denn in Sachen Qualität haben Buchverlage noch immer die Nase vorn. Vor allem beim Thema Abstände und Umbrüche arbeiten Verlage meist professioneller als Selfpublisher. Wobei Hinweise zum Seitenformat auch dann wichtig sind, wenn Sie Ihr Buch in einem Verlag veröffentlichen – denn es gibt inzwischen leider auch immer mehr Buchverlage, die sich in Sachen Layout dem Trend zum Selbermachen anpassen. Auch das Layout manches Verlagsbuches sieht selbstgebastelt aus.

Einzüge statt Leerzeilen

Wenn zum Beispiel Absätze in manchen Büchern durch Leerzeilen und nicht durch Einzüge getrennt sind, vermute ich sofort Amateure. Ich kann mich gegen den Eindruck nicht wehren. Die Leerzeilen im Print setzen sich durch, wie sich auch der Deppen-Apostroph (»Uschi's Frisiersalon«) durchgesetzt hat. Für mich dokumentieren Leerzeilen zwischen Absätzen die mangelnde Achtung der Leute für das Handwerk. Amateure sind die Leerzeilen aus Briefen und E-Mails gewöhnt und setzen sie deswegen überall. Profis dagegen kennen immer noch die Schriftbilder der Werke der Literatur oder auch nur den Zeilenfall bei Zeitungen – und da nimmt man nun einmal Einzüge.

Halten Sie es natürlich bitte, wie Sie wollen. Aber wenn Sie meinem Rat folgen wollen, dann stehen Leerzeilen zwischen Absätzen bei Online-Texten. Beim Print gehören Einzüge an den Beginn eines Absatzes – aber nur, wenn vor dem Absatz ein weiterer Fließtextabsatz steht.

Im Layout dieses Buches hier verwende ich Einzüge von 0,75 Zentimetern, aber nur ab Beginn eines zweiten Absatzes. Steht vor einem Absatz eine Überschrift oder eine Zwischenzeile, dann beginnt der folgende Absatz ohne Einzug. Bei »Schluss mit förmlich« habe ich für die Einzüge 0,5 Zentimeter genommen. Letztlich ist es egal. Probieren Sie es aus: In einem DIN-A5-Layout sehen Absätze von mehr als einem Zentimeter schon komisch aus. Und geringer als ein halber Zentimeter sollten Einzüge nicht sein, weil sie sonst nicht eindeutig sind und man sie für Fehler halten könnte.

Schreiben Sie gleich ins Druckformat

Generell also gilt die Faustregel: Beim Druck – außer in Briefen – setzt man Einzüge und keine Leerzeilen. Online – also vor allem auf Webseiten und in E-Mails – setzt man Leerzeilen und keine Einzüge. Schauen Sie sich die Praxis an: Auf Webseiten finden Sie keine Einzüge wie in einem Buch, und auch im Newsletter nicht, wenn er eine E-Mail ist. Kommt der Newsletter als PDF, arbeiten viele Profis mit Einzügen, und das ganze Dokument wirkt eher wie eine Zeitung und hat daher eher ein Print-Layout.

Der Grundgedanke beim Seitenformat ist: Sie schreiben Ihren Text in ein Word-Dokument, das Sie richtig formatieren, und zwar in allen Details. Alle Formatierungen definieren Sie nur einmal, und dann schreiben Sie in die Leerräume Ihren Text hinein. Die Seitenränder stimmen, und Sie haben Elemente wie beispielsweise Textkästen definiert, die einheitlich durchformatiert sind. Und wenn dieses Seitenformat passt, dann geht es ans Textformat, also an die Wahl der Typografie und der Schriftgröße und an die Frage, welche Formatierungen Sie den Zwischenzeilen zuweisen.

Das Ziel des Ganzen ist, dass Sie ganz einfach aus einer Word-Datei heraus ein druckfertiges PDF erstellen, das dann auch ohne weitere große Änderungen in die Druckerei gehen kann. In diesem Buch spiele ich das Ganze mit Word für Mac durch, und zwar mit der Word-für-Mac-Version 15.41, weil die für mich die bisher stabilste ist. Wobei die Unterschiede zu anderen Word-Versionen gering sein dürften und es natürlich auch andere gute Textprogramme gibt wie zum Beispiel »Pages« für Mac. Aber mit Pages kenne ich mich nicht so gut aus, daher nehme ich hier Word.

Die Seitengröße

Kommen wir zur Seitengröße. Wie erwähnt, empfehle ich Ihnen das Format DIN A5. Das heißt: Als Erstes öffnen Sie ein neues Dokument in Word, gehen auf »Ablage« und dort auf »Seite einrichten« und wählen dort unter »Papierformat« DIN A5 aus. Natürlich hochkant, sofern Sie ein übliches Buch und kein Querformat planen. DIN A5 ist ein überaus praktikables Buchformat, durch das wie gesagt kein unnötiger Papierabfall entsteht, wodurch der Druck entsprechend möglichst günstig ist.

Dann definieren Sie die Ränder. Gehen Sie auf »Format« und »Dokument« und richten Sie dort die Abstände vom Textfeld nach außen hin ein. Ich empfehle: 2 oder 2,5 Zentimeter oben, 2 Zentimeter unten und jeweils 2,5 Zentimeter links und rechts. Diese großen Abstände zu den Seiten hin brauchen Sie erstens, damit die Texte nicht im Buchfalz in der Mitte verschwinden (die Option »Bundsteg« eignet sich dafür auch), und zweitens, damit Sie ein wenig Toleranz haben, weil das Papier ja am Ende geschnitten wird. Außerdem macht es das Erscheinungsbild luftiger. Nichts ist schlimmer als eine Bleiwüste, bei der eine Seite vollkommen mit Tinte zugeballert ist und es keine Abstände nach außen gibt.

Leere Geisterzeilen am Ende einer Seite

Sehr viele Leute lesen Ratgeber und auch Sachbücher übrigens mit dem Stift in der Hand. Die Menschen verteilen Post-its, schreiben ganze Bemerkungen rein – und diesen »Platz für Ihre Notizen« sollten Sie den Menschen zugestehen. Für alle anderen wirkt ein luftiges Layout eben auch befreiend – das Buch macht nicht so einen Stress.

Haben Sie Ihr Drucklayout mit diesen Angaben definiert, geben Sie dem Text also eine bestimmte Menge Platz. Dieser Platz ist nach oben, nach unten, nach links und nach rechts eingegrenzt. Unten werden Sie noch die Seitenzahlen einfügen – sie gehören nach unten und nach außen, gleich dazu mehr –, und auch Fußnoten begrenzen den Platz, den Ihr Text am Ende nach unten hin hat.

Wenn Sie jetzt als Schrift »Cambria«, als Schriftgröße 11 Punkt und 1,3 Zeilen Zeilenabstand einstellen, wie ich es hier getan habe, dann verteilen sich in dem durch die Ränder begrenzten Textkörper 28 Textzeilen – solange es keine Überschriften, Fußnoten oder andere Elemente gibt. An reinem Fließtext passen in meine Seiten also jeweils 28 Zeilen.

Fügen Sie dann auf der einen Seite eine Überschrift in einer »Calibri« mit 14 Punkt Schriftgröße ein und auf der anderen Seite nicht, dann schließen die Textkörper nach unten möglicherweise nicht einheitlich ab. Das ist auch logisch, weil sich der Text jeweils nach unten verschiebt. Hier können Sie jetzt an der Schriftgröße der Leerzeilen nach oder vor der Überschrift schrauben – aber schauen Sie bitte, dass es keine allzu schlimmen Unterschiede einbauen.

Wenn ich zum Beispiel die beiden Leerzeilen unter einer Unterüberschrift (wie auf Seite 135 bei der Unterüberschrift »Das Seitenformat«) in 11 Punkt formatiere, bricht der Text eine Zeile früher auf die Folgeseite um, als wenn ich die Leerzeilen mit 10 Punkt definiere. Es sieht dann so aus, als hätte ich am Ende der Seite einen Layoutfehler. Leerzeilen am Ende einer Seite sind natürlich keine Katastrophe, wenn die Folgeseite mit einer Überschrift beginnt. In dem Fall ist es im Grunde klar, dass ein Text auch mal früher endet.

Eine andere Möglichkeit, diese leeren Geisterzeilen zu putzen, findet sich in Word unter »Format« im Menüpunkt »Dokument« im Reiter »Layout«. Dort können Sie die »vertikale Ausrichtung« der Seite bestimmen. Richten sich die Objekte von oben aus, von unten, zentriert oder im Blocksatz? Die Entscheidung ist wie die zwischen linksbündig, rechtsbündig, zentriert und Blocksatz im Text – nur eben senkrecht gesehen. Wenn Sie jetzt »Blocksatz« auswählen, endet Ihre Seite tatsächlich wie die Nachbarseite, aber dann erzwingt Word völlig abstruse Zwischenräume zwischen den Absätzen, die dann wirklich nicht mehr gut aussehen. Meine Empfehlung ist also, dass Sie hier mit den

Leerzeilen basteln. Oder aber Sie nutzen die Überschriftenformate und definieren darin einen Abstand jeweils nach unten.

In diesem Zusammenhang will ich Sie auf ein paar Eigenarten – oder besser: Eigenartigkeiten – in Word hinweisen. Microsoft ist allem Anschein nach ein Unternehmen, das sich eher auf dem Nummernblick zu Hause fühlt als auf der Buchstabentastatur: Man ist in der Welt der Zahlen heimisch, nicht so sehr in der Welt der Kunst und Kultur. Sehr deutlich merken Sie das daran, wenn Sie auf der Tastatur eines Windows-Rechners Gedankenstriche suchen (auf dem Mac ganz einfach der Bindestrich bei gedrückter Alt-Taste) oder auch die im Buchdruck üblichen »Anführungszeichen« (auf dem Mac ganz einfach Alt-shift-Q und Alt-Q). Die Leute aus der IBM- und Windows-Welt verstecken diese für Autoren wichtigen Sonderzeichen sehr gut, stellen aber auf der Tastatur mit Nummernblock Pluszeichen und Schrägstriche doppelt zur Verfügung. Hier zeigen sich die Prioritäten.

Und weil Microsoft dem Glaubenssatz folgt, der User würde es als Usability betrachten, wenn das Unternehmen für ihn mitdenkt und ungefragt irgendwelche abstrusen Standards definiert (was definitiv nicht stimmt, wenn Sie mich fragen), sind in Microsoft-Programmen – auch auf dem Mac – zahlreiche sinnlose Schrullen als Default eingestellt. Bevor Sie sich also mit einem üblich konfigurierten Word auf Windows oder Mac an ein Buchmanuskript setzen und Word wirklich professionell nutzen, sollten Sie einige dieser Voreinstellungen rausnehmen, die man bei Microsoft für die

Analphabeten dieser Welt voreingestellt hat.

Markieren Sie dazu bitte einen Absatz Ihres Textes, meinetwegen mit Blindtext vollgeschrieben, den Sie später entweder jeweils kopieren oder als Formatvorlage ablegen – wir müssen, bevor Sie losschreiben, erst einmal den Text richtig formatieren. Markieren Sie den Absatz und öffnen Sie »Format« und dort den Menüpunkt »Absatz«, oder klicken Sie mit der rechten Maustaste auf den Absatz und öffnen dann im Kontextmenü das Menü »Absatz«. Unter »Einzüge und Abstände« definieren Sie den Blocksatz und den Einzug von 0,5 oder 0,75 Zentimetern (wenn Sie den Einzug in einem Absatz nicht brauchen, schieben Sie einfach bei markiertem Absatz den Schieberegler auf dem Lineal zurecht). Den Zeilenabstand definieren Sie mit »Mehrfach« und meinetwegen 1,15 oder 1,3 oder etwas dazwischen. Dann nehmen Sie im Reiter »Zeilen- und Seitenumbrüche« alle Häkchen raus. So geschieht es Ihnen nicht, dass Word plötzlich Zeilen oder Seiten abstrus umbricht, die Sie viel lieber manuell verwalten würden.

Kästen

Ein weiteres Element, das Sie verwenden können, sind Textkästen. Textkästen beinhalten Text, der auf einer anderen gedanklichen Ebene spielt als Ihr Fließtext. In »Komm zum Punkt!« und »Schluss mit förmlich!« habe ich jede Menge Kästen mit Tipps. Die Tipps heben sich inhaltlich vom Haupttext ab, und darum sollten sie sich auch optisch abheben.

Alles, was nicht in den Textfluss passt, können Sie in Kästen auslagern: Interviews, Exkurse, detaillierte Studienergebnisse – alles, was Ihren Fließtext sprengen und dort zu weit führen würde, oder was eben eine andere Form braucht wie zum Beispiel ein Frage-Antwort-Interview.

Ich bin ein Gast-Kasten

Ich bin als Kasten zu Gast in diesem Buch. Meine Schriftart ist »Corbel« in 10 Punkt, mein Zeilenabstand beträgt 1,3 Zeilen, und ich habe eine kursive Überschrift in Corbel mit 12 Punkt. In der Word-Sprache heiße ich »Positionsrahmen«. Mich können Sie verschieben wie eine Grafik. Bei »Umbruch« stellen Sie »umgebend« ein, dann läuft der Haupttext um mich herum.

Einen Kasten können Sie entweder einrahmen oder auch nicht. Hier auf dieser Seite habe ich Ihnen einen Kasten im Layout des Buches »Schluss mit förmlich« reinkopiert. Es ist ein Kasten von einer Seite mit ungerader Seitenzahl, also von einer rechten Seite, und entsprechend klebt er am rechten Rand (bitte nicht politisch interpretieren). Ich hebe diesen Textkasten rein, indem ich den Cursor einfach an den Beginn eines Absatzes setze und den Kasten dann dorthin schiebe, wo ich ihn haben will. Je nachdem, wie lang der Text im Kasten werden soll, können Sie den Kasten mit der Maus größer- und kleinerziehen. Und – das macht die Kästen in meinen Augen besonders hübsch – Sie können sie über den Rand des Dokuments hinausschieben.

Wo Sie Ihre Kästen auf einer Seite platzieren, ist Ihnen

überlassen – da meine Kästen nicht die gesamte Seitenbreite einnehmen, stehen sie jeweils außen. Auf einer linken Seite sind sie linksbündig, auf einer rechten Seite rechtsbündig. Natürlich können Sie Kästen auch rahmen und über eine ganze Seite ziehen. Probieren Sie es einfach mal aus.

Das Textformat

Über das Textformat haben wir schon einige Worte verloren, weil sich ein Seitenformat kaum beschreiben lässt, ohne auch die Schriftgröße einer Schrift zu erwähnen. Lassen Sie mich dennoch das Thema »Textformat« noch einmal darstellen – ich versuche, mich kurz zu halten.

Die Schriftart

Ein wichtiges Thema ist das Thema Schriftart. »Calibri« und »Cambria« sind Schriftarten. Die Serifen hatte ich erwähnt, das sind die »Füße«, auf denen die Buchstaben in manchen Schriftarten stehen. Allerdings unterscheidet man bei den Schriftarten nicht nur Serifenschriften und Schriften ohne Serifen, sondern die ganze Welt der westlichen Typografie (also der Typografie, die sich auf deutsche und lateinische Schriften bezieht) differenziert grob zwischen drei Arten von Druckschriften:

- Die **Antiqua** ist die lateinische Schrift, die Sie von altrömischen Inschriften kennen: lateinische Buchstaben, meistens nur Großbuchstaben, die auf Serifen stehen. Beispiele für Antiqua-Schriften sind »Cambria«, »Times New Roman« oder auch »Book Antiqua«.
- Die **Grotesk** (Sans Serif) ist aus der Antiqua abgeleitet und eine modernere Schrift, die keine Serifen hat.
- Die **Fraktur** besteht nicht aus lateinischen Buchstaben, sondern aus deutscher Schrift wie beispielsweise die »Deutsche Werkschrift« oder die »Tannenberg« – oder auch aus englischer Schrift wie die »Old English«. »Fraktur« bedeutet »gebrochene Schrift«.

Die meisten Druckschriften, die wir heute verwenden, sind Antiqua und Grotesk, wobei sich auch die Fraktur immer wieder findet, beispielsweise im Titel vieler Zeitungen wie der »Frankfurter Allgemeinen Zeitung«, der »Neuen Zürcher Zeitung« oder auch der »Berliner Zeitung«.

Neben den Druckschriften gibt es die Schreibschriften – vor allem die lateinische Schreibschrift, wie sie manche Kinder zum Glück noch in der Schule lernen dürfen (als Zeichensatz zum Beispiel in Form der »Snell Roundhand«), und die deutsche Schreibschrift, deren Schul-Grundschrift die »Sütterlin« war, die aber im Alltag eher als Kurrentschrift bekannt war und die sich als Zeichensatz beispielsweise in der »Hermersdorf« findet.

Mein Tipp zur Auswahl von Schriften ist simpel: Ich habe zwar auch in manchen Büchern eine Grotesk als Hauptschrift, neige aber inzwischen dazu, lieber eine Antiqua zu nehmen, der besseren Lesbarkeit halber. Um dem Auge ein wenig Abwechslung zu bieten, wähle ich für die Haupt- und Unterüberschriften (H1 und H2) eine Grotesk-Schrift.

Damit ist es aber auch gut – viel mehr verschiedene Schriften sollten Sie nicht verwenden. Zu viel Spielerei lässt Ihren Text unruhig wirken, und finden sich zu viele Schriften und Formatierungen, leidet auch die Seriosität.

Der Schriftschnitt

Das gilt auch für den Schriftschnitt, also für die Frage, wann Sie Text kursiv setzen, fetten oder unterstreichen. Weniger ist hier definitiv mehr. Wussten Sie, dass es vor Gericht oft als Hinweis auf eine paranoide Persönlichkeitsstörung gilt, wenn jemand seine Schriftsätze – natürlich ohne Anwalt – überformatiert? Da ist dann alles, was aus Sicht des Absenders besonders bemerkenswert ist, hervorgehoben. Und weil der Absender alles für besonders bemerkenswert hält, ist fast alles hervorgehoben. Das eine Wort ist nur fett, das andere ist fett und kursiv, andere sind kursiv und unterstrichen – scheinbar ohne Konzept und ohne Definition dafür, welches Format was sagen soll. Das Auge hat keine Chance, sich zu orientieren und den Text in Ruhe zu lesen.

»Aber man muss doch hervorheben, was wichtig ist«,

denken Sie? Nein, muss man nicht. Gestehen Sie den Menschen ruhig zu, sich selbst in einem Text zu orientieren, und geben Sie ihm dazu eine klare Struktur. Je weniger Sie selbst bewerten – auch optisch –, desto leichter machen Sie es den Leuten, sich selbst ihre Meinung zu bilden und dabei möglicherweise Ihrer Meinung zu folgen. Wenn wir einen Banküberfall in der Stadt haben, dann genügt in der Zeitung die Überschrift »Banküberfall«, damit wir das Ganze einordnen können – es bedarf weder einer Fettung noch eines Ausrufezeichens. Die Headline schnappt sich einfach die Formatvorlage für Überschriften der jeweiligen Größe und fertig.

Also definieren Sie wenige, aber klare Formate für wenige, aber klare Textelemente. Und vergessen Sie die Fußnoten nicht – in diesem Buch hier habe ich die Fußnoten mit 9 Punkt definiert. Die Seitenzahlen sind identisch mit der Schrift des Fließtextes und stehen unten außen. Die H1 ist eine fette »Calibri« in 16 Punkt, die H2 eine fette kursive »Calibri« mit 14 Punkt. Die Zwischenzeilen sind gefetteter Fließtext.

Die Ausrichtung

Die Ausrichtung meines Fließtextes ist Blocksatz, und das empfehle ich Ihnen für Ihren Fließtext auch. Machen Sie sich unbedingt die Mühe der Silbentrennung, und das am besten per Hand. Auf dem Mac fügen Sie weiche Trennstriche (oder genauer: »bedingte« Trennstriche) mit »cmd« plus »-« ein, bei Windows »Alt Gr« plus »-«.

Alle anderen Texte sind linksbündig, also alle Überschriften und auch die Fußnoten. Auch die Listen sind linksbündig, was auch klar ist, weil sie von links eingerückt sind. Würden sie bis an den rechten Seitenrand stoßen, sähe das etwas merkwürdig aus.

Der Zeilenabstand

Beim Zeilenabstand empfehle ich Ihnen auf keinen Fall den Zeilenabstand von 1 Zeile und auch nicht den aus der Welt der Schreibmaschinen übernommenen Zeilenabstand von 1,5 Zeilen. Das eine ist zu eng, das andere zu weit. Ein Zeilenabstand von 1,5 wirkt auf mich wie ein Konzept oder ein Schülerskript, und so wirken viele mit 1,5 Zeilen Zeilenabstand formatierte Selfpublishing-Bücher auf mich eben laienhaft und unprofessionell. Wählen Sie also unbedingt einen Zeilenabstand zwischen 1 und 1,5; am besten finde ich alles zwischen 1,15 und 1,3. Probieren Sie es aus! Ihr Buch kann allein dadurch und durch die richtige Schrift schon viel erwachsener und weniger wie ein Skript wirken.

Einzüge und Initiale

Über Einzüge hatten wir gesprochen, aber damit Sie es hier noch einmal geordnet finden: 0,5 Zentimeter oder 0,75 Zentimeter finde ich hübsch – ab 1 Zentimeter auf einer DIN-A5-Seite empfinde ich die Länge des Einzugs als ausgereizt. Denken Sie bitte daran, dass Absätze ohne Einzug beginnen, wenn es erste Absätze sind, beispielsweise nach einer Zwischenüberschrift wie auf dieser Seite hier. Ein Seitenumbruch ist kein Grund, beim folgenden Absatz den Einzug wegzulassen.

Meine Hauptkapitel beginne ich mit Initialen, und ich lade Sie auch ein, das zu tun. »Initiale« oder »Hängende Initiale« heißen sie in Computerprogrammen. Nehmen Sie also den ersten Buchstaben des jeweiligen Hauptkapitels – das Kapitel sollte entsprechend nicht mit einem Anführungszeichen beginnen – und definieren Sie in Word unter dem Reiter »Einfügen« die Option »Initial« und wählen Sie »Im Text« aus. Jetzt macht Word den Anfangsbuchstaben Ihres Absatzes zu einem Zierbuchstaben, der im Absatz steht. Über je mehr Zeilen sich der Zierbuchstabe erstreckt, desto größer ist er natürlich – das können Sie unter »Initialoptionen« bestimmen.

Bei einer DIN-A-5-Seite empfehle ich Ihnen drei Zeilen als Zeichenhöhe für das Initial. Das klingt wenig – Zeitschriften wie der »Stern« ziehen Initiale oft über 20 Zeilen. Aber ich will die Aufmerksamkeit des Lesers auch nicht auf die Initiale an sich lenken.

Zwischenzeilen

Der Vollständigkeit halber noch ein Takt zu den Zwischenzeilen oder auch Zwischenüberschriften: Zwischenzeilen – wie hier das gefettete Wort »Zwischenzeilen« – sind keine Überschriften im ursprünglichen Sinne, sondern sollen

Texte auflockern. Das Handwerk der Zwischenzeile ist, dass Sie bei Bleiwüstengefahr eine vollgeschriebene Seite einfach luftiger machen, indem Sie willkürlich irgendwo eine Zwischenzeile einfügen. In dieser Zwischenzeile muss dann etwas stehen, was – von der Zwischenzeile aus betrachtet – demnächst inhaltlich im Text auftaucht. Sie dürfen zwei oder auch drei Absätze vergehen lassen, bis der Aspekt kommt, das ist kein Problem. Es macht auch nicht viel, wenn sich die ersten beiden Absätze noch auf den Inhalt der vorigen Zwischenzeile beziehen, sofern Sie über das Thema bereits eine Weile referieren. Aber auf jeden Fall muss der Inhalt, den Sie in der Zwischenzeile anreißen, möglichst bald nach der Zwischenzeile kommen. Vor der Zwischenzeile sollte er auf keinen Fall stehen.

Sicher fällt Ihnen auf, dass ich manche Zwischenzeilen hier in meinem Buch als reale Überschriften missbrauche. Ich bin mir dessen bewusst, dass das nicht ganz sauber ist. Zwar habe ich mir überlegt, ob ich noch eine dritte Überschriftenebene einführen soll, aber das wäre mir dann zu konfus geworden, zumal ich die Zwischenzeilen deswegen nicht über Bord geworfen hätte. Ich hoffe, Sie können damit leben. Im Übrigen finde ich, dass der ein oder andere Bruch mit dem Standard auch ein bisschen Leben in ein Buch bringen kann.

Und wissen Sie, worauf ich mich jetzt freue? Dass wir endlich zum Thema »Manuskript« kommen. Wie gelingt es Ihnen, Ihr Buch in Rekordzeit zu schreiben?

Das Manuskript

Also, um es gleich vorwegzunehmen: Damit Ihr Manuskript schnellstmöglich fertig wird, brauchen Sie einen Plan, Disziplin und Durchhaltevermögen. Fehlt Ihnen der Plan, verzetteln Sie sich. Fehlt Ihnen die Disziplin, schreiben Sie vermutlich nicht konsequent an Ihrem Manuskript, und das Ganze zieht sich in die Länge. Fehlt Ihnen das Durchhaltevermögen, geben Sie möglicherweise auf, obwohl Sie schon 70 Prozent der Arbeit fertig haben.

Einen Plan, Disziplin und Durchhaltevermögen brauchen Sie allerdings nicht nur zum Bücherschreiben, sondern wohl für so ziemlich alles auf der Welt, was irgendwelche Ergebnisse haben soll. Und die Prokrastination dürfte fast in jedem Lebensbereich der schlimmste Feind des kreativen Schaffens sein.

Einen Plan haben Sie im Idealfall schon dann, wenn Ihr Inhaltsverzeichnis ausgereift ist. Darum brauchen Sie wie erwähnt ein fertiges Inhaltsverzeichnis, das Sie beim Schreiben des Manuskriptes nicht mehr berühren. Gut, es kann sein, dass zwei ursprünglich getrennt geplante Unterkapitel zusammenwachsen. Oder es kann sein, dass Sie ein Unterkapitel streichen, während Sie schreiben. Aber ein komplettes Hauptkapitel sollte beispielsweise nicht mehr wegfallen, ebenso wie Sie die Reihenfolge der Hauptkapitel nicht mehr umstellen sollten.

Disziplin erlange ich beim Schreiben auch durch einen Plan, und zwar durch meine ziemlich ausgefeilten To-do-

Listen und meine Zeiteinteilung. Wenn ich ein Buch schreibe, reserviere ich dafür einfach Zeitblöcke, und zwar vor allem den frühen Morgen. Während andere Menschen noch schlafen, bin ich schon aktiv – und wenn andere Menschen schließlich aufstehen, habe ich schon drei Stunden gearbeitet. Diese Arbeitsweise setzt voraus, dass Sie abends früher schlafen gehen als andere Leute, und ich praktiziere in diesen Schaffensphasen auch den guten alten Mittagsschlaf, in meinem Fall sind das täglich 30 bis 45 Minuten. Ich weiß, dass Sie sich in einem festen Job nicht unbedingt schlafen legen können, aber es sind eben aus meiner Sicht die Idealbedingungen.

Das Durchhaltevermögen speist sich bei mir aus meinem Drang, fertig zu werden. Mein Prinzip lautet nicht: »Ich höre auf zu arbeiten, wenn ich müde bin«, sondern es lautet: »Ich höre auf zu arbeiten, wenn ich fertig bin.« Das ist die Regel. Damit unterscheide ich mich von den allermeisten Menschen an den allermeisten Arbeitsplätzen, aber eben nicht von Selbstständigen und Unternehmern. Das Mindset, ergebnisorientiert zu arbeiten und nicht prozessorientiert, haben Selbstständige in aller Regel, und sie denken auch nicht in Wochentagen und Wochenenden oder in Kriterien wie Feierabend und Urlaub. Dieser Menschenschlag will fertig werden. Und weil er getrieben ist von eigenen Projekten und nicht den Projekten irgendwelcher Chefs, arbeitet dieser Menschenschlag oft sehr effizient.

Damit Ihr Manuskript rasch fertig wird, empfehle ich Ihnen also eine ergebnisorientierte Produktivitätshaltung, wie man sie bei Durchschnittsmenschen nicht findet. Aber Durchschnittsmenschen schreiben ja auch keine Bücher – und sie eignen sich auch in anderer Hinsicht nicht unbedingt als Vorbilder, deren Mindset wir übernehmen sollten.

Eine gewisse Rotzigkeit sollten Sie also an den Tag legen, eine mentale Unabhängigkeit vom Denken und Handeln anderer Leute. Denken Sie daran: Was Leute zu Ihrem Buch sagen, die nicht zu Ihrer Zielgruppe gehören, ist völlig gleichgültig. Entsprechend ist es auch vollkommen egal, wenn jemand seltsam schaut, wenn Sie morgens um vier Uhr aufstehen und an Ihrem Manuskript schreiben. In meiner Biografie als Selbstständiger war es eine elementare Erkenntnis: Es ist völlig egal, was Leute denken, die ein anderes Leben führen und die Ihre Erfahrungen nicht haben.

Also mache ich in Schreibphasen vor allem frühmorgens Strecke. Gut, diese Zeilen hier schreibe ich soeben an einem Sonntagnachmittag. Tags zuvor und bis heute um 15 Uhr war ich faul. Denn klar brauche ich Pausen, und diese Pausen mache ich auch. Aber im Großen und Ganzen nehme ich mir für jeden Tag eben eine bestimmte Seitenzahl vor, und meistens halte ich mich auch daran. Da ich aus mir selbst heraus motiviert bin, muss ich mich nicht zur Disziplin zwingen. Und deswegen darf ich auch mal zwei Tage Pause machen. Dass ich deswegen mein Projekt schleifen lasse, wird nicht geschehen, die Gefahr besteht nicht. Nach einer Pause rutsche ich meistens sofort wieder automatisch in meinen Arbeitsflow rein und schreibe meine Seiten voll.

Rechnen Sie es also aus: Wenn Sie mit Ihrem Buch auf

200 Seiten kommen wollen und jeden Tag drei Seiten schreiben, dann brauchen Sie für Ihr Buch knapp zehn Wochen, in denen Sie jeden Tag schreiben. Gelingt es Ihnen, pro Tag zehn Seiten zu schreiben, ist Ihr Buch nach drei Wochen fertig.

Sie müssen das Thema draufhaben

Natürlich müssen Sie Ihr Thema draufhaben, wenn Sie so schnell schreiben wollen. Das ist aber eben auch der Anspruch. Ein Buch ist nicht irgendwas, was man nebenher mit halber Kraft eben raushaut, sondern es muss an jeder Stelle als Kompetenzbeweis für Ihre Expertise funktionieren.

Daraus folgt zwingend, dass Sie nicht mehr allzu viel recherchieren müssen, sobald Sie schreiben. Im besten Fall haben Sie so viel Kompetenz und Erfahrung darin, was Sie tun, dass Sie Ihr Buch ohne viel Nachdenken schreiben können, weil Ihnen die Beispiele, Geschichten und Argumente eben mühelos einfallen.

Sinnvoll ist hier natürlich eine Gedankensammlung. Ich schreibe zum Beispiel alles auf, was mir einfällt und was verwertbar ist, und ich ordne diese Gedanken in Dateien wie »Argumente«, »Witze« oder »Storys«, und zwar für jedes einzelne Buchprojekt getrennt.

Technisch empfehle ich Ihnen wie erwähnt ein Word-Dokument oder meinetwegen ein Pages-Dokument auf Mac. Ist Ihr Layout komplizierter und Sie verwenden entsprechende Programme, rate ich Ihnen, gleich ins InDesign- oder

QuarkXPress-Dokument reinzuschreiben. Schreiben Sie nicht erst Ihr Manuskript in Word und lassen den Text später in ein InDesign-Layout einfließen, weil es dann ein fürchterliches Hin und Her gibt – entweder zwischen dem Layouter oder der Layouterin und Ihnen, wobei sich wieder Fehler einschleichen, oder auch ein Hin und Her in Ihrem Kopf, weil Sie plötzlich gelungene Sätze nur wegen des Zeilenumbruchs umformulieren müssen. Mit InDesign oder QuarkXpress können Sie auch gleich die Schnittmarken für den Offset-Druck setzen, die beim Digitaldruck nicht nötig sind: Für den Digitaldruck empfehle ich einfach Word (und wenn Sie DIN A5 wählen, brauchen Sie auch beim Offset-Druck erfahrungsgemäß nicht unbedingt Schnittmarken). In jedem Fall würde ich in dem Programm arbeiten, aus dem Sie am Ende die Druckdatei exportieren.

Schreiben heißt, die Lücken zu füllen

Noch einmal: Erst wenn Sie Ihr Inhaltsverzeichnis final fertig haben – und »final« heißt, dass Sie daran wirklich nichts mehr ändern –, geht es ans Schreiben. Sofern Ihre Struktur steht, müssen Sie nur noch die Lücken zwischen den Überschriften in Ihrem Word-Dokument füllen. Und da Sie von Ihrem Fach etwas verstehen, sollte das schnell gehen.

Theoretisch können Sie blockweise schreiben. Ich sage mal so: Sie können Kapitel 4 vor Kapitel 3 schreiben, weil Ihnen danach ist. Zwischendurch können Sie am Vorwort herumformulieren und dann mit Kapitel 5 anfangen.

Praktisch aber entsteht so das größte Chaos. Sie formulieren dann in Kapitel 4 Dinge, die sich vielleicht erst erschließen können, wenn Kapitel 2 klar ist. Im schlimmsten Fall erklären Sie dann weiter hinten im Buch Begriffe, die Sie dann noch einmal weiter vorne erwähnen.

Am besten arbeiten Sie also tatsächlich stur chronologisch. Sie fangen also mit dem ersten Kapitel an und enden mit dem letzten. Ich weiß, es ist verführerisch, mal ein Kapitel weiter hinten zu beginnen, weil es einem gerade einfällt. Aber glauben Sie mir, es ist eine Falle. Mein Tipp: Gehen Sie mit dem Cursor meinetwegen schon in das hintere Kapitel, aber notieren Sie dann nur kurz ein Stichwort. Formulieren Sie Ihre Gedanken auf keinen Fall gleich aus! Ausformuliert wird das Thema erst dann, wenn es an der Reihe ist.

Backups machen

Es sollte selbstverständlich sein – und trotzdem arbeiten manche Leute ohne Backups. Tun Sie das bitte nie. Backups sind enorm wichtig. Mein System ist das folgende:

- Mein Manuskript befindet sich auf zwei Macs. Habe ich die Arbeit für einen Tag beendet, schiebe ich das Manuskript (und auch andere Dateien) über das Netzwerk auf den anderen Rechner, damit beide wieder synchron sind.

- Mit beiden Macs mache ich täglich ein »Time-Machine«-Backup. Die »Time Machine« spiegelt einen Mac, sodass Sie Ihren Rechner mithilfe der externen Festplatte wiederherstellen können.
- Jeder Mac hat zwei »Time-Machine«-Festplatten, von denen jeweils eine in einem Bankschließfach liegt. Alle paar Wochen tausche ich die Festplatten aus, sodass sie sich quasi rollierend aktualisieren. Für mein Schließfach bezahle ich jährlich 135 Euro, es ist also keine finanzielle Katastrophe.
- In meiner Hosentasche befindet sich immer ein Stick mit dem jeweiligen Manuskriptstatus.

Sofern Sie kein Problem damit haben, Ihre Daten fremden Systemen meist im Ausland anzuvertrauen, können Sie natürlich zusätzlich eine Cloud nutzen, aber bitte nicht als einziges Backup.

Die Seitenzahlen

Ich habe nichts gegen Dushan Wegner, aber sein Buch ist voller Lehrstoff, wenn es ums Büchermachen geht. Lassen Sie mich sein Buch »Talking Points« daher noch einmal zur Hand nehmen.

Das Inhaltsverzeichnis lokalisiert das Kapitel »1. Vorwort 2018« auf Seite 1. Und das kann eigentlich nicht sein. Denn stünde das Vorwort auf Seite 1, dann stünde es noch vor dem Inhaltsverzeichnis.

Die Seite 1 eines Buches ist die erste bedruckte Papierseite nach dem Buchdeckel. Sind die ersten beiden Papierseiten leer, dann beginnt die Zählung eben auf der dritten Seite. Aber auf keinem Fall beginnt die Zählung erst nach dem Inhaltsverzeichnis – außer in manchen wissenschaftlichen Fachbüchern, bei denen dann aber der Bereich vor Seite 1 römische Seitenzahlen hat. Das sieht aber bei Sachbuch und Ratgeber schlimm aus und wirkt viel zu übertrieben und selbstverliebt.

Im Falle von »Talking Points« beginnt die Paginierung (das ist der Fachbegriff für die Nummerierung der Seiten, so wie es im Englischen »page« heißt) auf Seite 7 mit der Nummer 1, was dann doch eher unüblich ist. Die Seite 7 sollte die Nummer 7 tragen, nicht die Nummer 1. Dass eine Paginierung erst auf Seite 7 beginnt und die Seite 7 zur Seite 1 wird, geschieht, wenn jemand die Abschnittsfunktion in Word falsch bedient. Wie aber bekommen Sie es hin, dass die Seitenzahlen bis zum ersten Kapitel unsichtbar sind und dann mit Seite 6 oder 8 beginnen, je nachdem, wie Sie Ihr Buch aufgebaut haben? Hier habe ich zwei Methoden für Sie: eine offizielle und eine gebastelte. Ich neige zur gebastelten.

Das ist die offizielle Methode: Auch wenn es kompliziert ist, können Sie in Word definieren, dass die Paginierung erst später im Dokument mit der richtigen Seitenzahl beginnt, also zum Beispiel mit der Seitenzahl 6 auf der Seite des Vorworts, die tatsächlich auch die sechste Seite ist. Das gelingt mit folgenden Schritten (bei meiner Word-Version):

- Definieren Sie ab der ersten Seite des Vorworts einen neuen Abschnitt.
- Weisen Sie dem zweiten Abschnitt Seitenzahlen zu, beginnend mit 6 oder 8, je nachdem. Word setzt jetzt auch die Seitenzahlen 1 bis 5 beziehungsweise 7 in den ersten Abschnitt.
- Im ersten Abschnitt deaktivieren Sie die Funktion »Mit vorheriger verknüpfen«. Das geht im Menü »Kopf- und Fußzeile«.
- Dann löschen Sie die Seitenzahlen im ersten Abschnitt über das Einfügen-Menü mit dem Befehl »Seitenzahlen entfernen« unter »Seitenzahlen«.

Zu kompliziert? Ja, finde ich auch. Man legt ja Bücher nur einmal an, also merken sich viele Leute diesen Weg nicht. Es ist aber trotzdem nicht nötig, die Seitenzahlen erst im PDF-Editor zu bearbeiten, sondern es geht auch auf eine etwas unkonventionelle Weise, und zwar ohne dass Sie mit Abschnitten arbeiten müssen.

Der Trick ist: Ich mache die ersten Seitenzahlen unsichtbar, indem ich sie verdecke. Das heißt: Generieren Sie in Powerpoint einen weißen Kreis ohne Rand, kopieren den Kreis in Ihr Word-Dokument und legen ihn dort über die Seitenzahlen. Beim Export des Dokuments als PDF liegt diese Grafik über den Seitenzahlen, und so tauchen die verdeckten Seitenzahlen beim Druck nicht auf. Die Methode wirkt ein wenig gebastelt, zugegeben – aber sie ist praktisch und funktioniert. Und sie ist leicht zu merken.

Seitenzahlen gehören nach außen

Schließlich noch drei Hinweise zu den Seitenzahlen: Seitenzahlen gehören nach außen. Sie gehören also auf einer linken Seite nach links und auf einer rechten Seite nach rechts. Das können Sie in Word auch leicht definieren, indem Sie im Menü »Einfügen« unter »Seitenzahlen« die Ausrichtung »außen« auswählen. Bestenfalls können Sie Seitenzahlen zentrieren, also jeweils in die Mitte stellen, aber das wirkt schon etwas verspielt und schöngeistig. Auf keinen Fall gehören die Seitenzahlen generell nach links oder rechts, sie müssen sich schon den Seiten anpassen.

Ob Sie Ihre Seitenzahlen oben oder unten auf der Seite platzieren, ist für meine Begriffe Geschmackssache. Ich neige dazu, meine Seitenzahlen unten zu platzieren.

Das Schriftbild Ihrer Seitenzahlen sollte das gleiche sein wie im Fließtext. Das heißt: Wenn Sie Ihren Fließtext in einer Cambria in 11 Punkt schreiben, dann sollten Sie auch Ihre Seitenzahlen in Cambria und mit 11 Punkt formatieren. Eine einzelne Seitenzahl in einer völlig anderen Typografie als der Rest des Textes auf einer Seite oder Doppelseite irritiert das Auge tendenziell. Außerdem gilt ohnehin die Regel, möglichst wenige Schriftarten zu verwenden. Abgesehen vom Cover sollte Ihr Buch mit zwei Schriftarten auskommen – wie erwähnt eine für die Hauptüberschriften und eine für den Fließtext. Kästen sind dann möglicherweise Variationen daraus, aber keine dritte Schriftart.

Das Lektorat

Kommen wir zum Lektorat. Wie erwähnt, ist ein Lektorat in jedem Fall wichtig – vor allem dann, wenn Sie selbst keine redaktionelle Distanz zu Ihrem Thema herstellen können. Es klingt vielleicht vermessen, aber fast niemand kann eine redaktionelle Distanz zu seinem Thema herstellen, infolgedessen brauchen nahezu alle Autoren eine Lektorin oder einen Lektor.

Was meine ich mit redaktioneller Distanz? Ich meine den ständigen Blick darauf, ob Sie mit Ihrem Buch tatsächlich auf der Spur sind und konsequent für Ihre Zielgruppe schreiben oder ob Sie abschweifen. Es geht um den Blick, ob Sie professionell bleiben oder privat werden; ob Ihre Tatsachenbehauptungen wahr und bewiesen sind und ob Ihre Meinungsäußerungen im rechtlichen Rahmen bleiben und Sie keine Persönlichkeitsrechte verletzen. Eine redaktionelle Distanz zum Thema bedeutet eine Art Korrektiv und gewährleistet, dass Sie keinen Unfug veröffentlichen.

Beim Selfpublishing sind Sie der Agenda-Setter

Die redaktionelle Distanz zu Themen spielt übrigens auch in der derzeitigen Mediendebatte eine Rolle. Eine klassische Funktion einer Redaktion ist zum Beispiel die »Gatekeeper-Funktion«: Eine Redaktion ist eine Art Türsteher für Informationen und entscheidet, welche Informationen es in die Veröffentlichung und Verbreitung schaffen und welche nicht. Indem Redaktionen entscheiden, welche Informationen sie durchlassen und welche nicht, kommt ihnen eine weitere Rolle zu: die des »Agenda-Setters«, also desjenigen, der den Diskurs bestimmt. Worüber sprechen wir und worüber sprechen wir nicht? Das ist »Agenda-Setting«.

Infolge der Digitalisierung wird es immer leichter, Informationen zu verbreiten – und so treten die klassischen Medienrollen des Gatekeepers und des Agenda-Setters immer weiter in den Hintergrund, und alternative Medienangebote formieren sich. Auch auf dem Buchmarkt nutzen jetzt Menschen die Möglichkeiten der Digitalisierung und bringen Bücher heraus, die klassische Verlage vielleicht nicht herausbringen würden. Insofern ist der Buchmarkt wie der Nachrichtenmarkt. Was bei den Medien die Redakteure sind, sind in der Buchproduktion die Lektoren.

Und es ist auch völlig klar, dass Autoren heute zum Selfpublishing neigen, wenn sie auf Dauer erfolglos bei den Verlagen anklopfen. Ich verstehe es gut, wenn jemand frustriert ist, weil er seine Buchidee bei keinem Verlag platziert bekommt. Die Gatekeeper-Funktion der Verlage und Lektoren schwindet mit dem zunehmenden Selfpublishing auch – und so ist es kein Wunder, dass viele Autoren dann eben selbst zu Verlegern werden.

Denkbare Gründe für Ablehnungen gibt es viele. Lehnt ein Verlag Ihr Buch ab, muss es nicht schlecht sein, aber es passt vielleicht nicht ins Verlagsprogramm. Lektoren kennen ihr Verlagsprogramm und entscheiden das. Oder aber Ihr Buch wäre eine Konkurrenz zu einem vorhandenen Titel bei dem jeweiligen Verlag. Auch dann ist es klar, dass der Verlag Ihr Buch nicht nimmt.

Sicher ist es auch möglich, dass die Ablehnung in Ihrem Buch begründet ist: Wenn Sie irrationales Zeug schreiben oder ohne Begründungen und Beweise vom Leder ziehen, wenn Sie krude Verschwörungstheorien verbreiten oder zu »Fake News« und »Hate Speech« neigen, wird ein Lektor Ihr Buch mit guten Gründen ablehnen, sofern er seriös ist. Das wird er auch dann tun, wenn Sie schlicht Blödsinn schreiben. Und damit sind wir bei einer fiesen Unterscheidung, nämlich der zwischen »seriös« und »unseriös«.

Wenn ich beispielsweise in Blogs oder in deren Kommentaren externe Links zu angeblichen Topinformationen finde, die alles bisher Bekannte zu einem bestimmten Anschlag in Zweifel ziehen, dann ist es für mich schon ein Unterschied, ob diese Quelle ein klassisches Medium ist oder ein Blog. Ist die Quelle die »Zeit«, dann vermute ich dort erst mal keine allzu groben Fake News, selbst wenn auch klassische Medien hin und wieder Unwahrheiten berichten, wie mein Koautor Frank Eckert und ich in unserem Buch »Sind die Medien noch zu retten?« dokumentieren. Aber trotz aller Kritik an klassischen Medien und trotz skurriler Umstände wie dem, dass die »Süddeutsche Zeitung« wie erwähnt Moses mit Jesus verwechselt: Die klassischen Medien sind für mich noch immer eher eine Gewähr für Seriosität als Blogs, deren Absender ihre Kompetenz mir bisher nicht bewiesen haben. Ist die Quelle dieser alles in Zweifel ziehenden Nachricht also ein Blog, hinter dem ganz offenbar keine

Redaktion steht, dann ist diese Quelle für mich dubios und ich vertraue ihr tendenziell eher nicht.

Ebenso ist es auf dem Buchmarkt: Wenn ein Buch völlig revolutionäre Thesen aufstellt, die die Grundfesten des Denkens erschüttern und wonach wir alles überdenken müssen, dann ist auch hier der Verlag ein Indiz für die Absenderkompetenz. Erschiene so ein Buch bei Campus oder Econ, dann würde ich es wesentlich ernster nehmen, als wenn es in irgendeinem Eigenverlag erschiene. Bei Campus und Econ weiß ich, dass dort hervorragende Lektoren sitzen, die Stoffe professionell beurteilen können. Bei Selbstverlagen weiß ich das nicht.

Die Schlüsselfigur bei allem ist das Lektorat. Das Lektorat ist nicht nur der Gatekeeper bei einem Verlag, sondern es ist auch ein Korrektiv zur Qualitätssicherung. Daher ist meine Empfehlung: Binden Sie von Anfang an in Ihre Buchplanung eine Lektorin oder einen Lektor ein. Viele sind freiberuflich unterwegs und vor allem über Xing leicht zu finden. Nutzen Sie das Lektorat als Buch-Coaching, im Idealfall von der Geburt der Buchidee bis zur Fertigstellung des Manuskriptes. Ein guter Lektor wird Sie auch beim Prozess der Buchentstehung immer wieder auf die Spur bringen, falls Sie Gefahr laufen, davon abzuweichen. Und am Ende kann ein guter Lektor Ihren Text vermutlich viel besser beurteilen als Sie selbst – zumal ihm auch Fehler auffallen wie beispielsweise die erwähnte falsche Paginierung.

Um es zusammenzufassen: Würdigen Sie bitte unbedingt die Kompetenz und Professionalität von Lektoren. Die wenigsten Menschen haben für die Arbeit von Lektoren die nötige Wertschätzung übrig. Das liegt nach meiner Vermutung daran, dass die wenigsten Menschen etwas vom Schreiben verstehen. Aber es ist eben falsch zu glauben, nur weil wir von einer Sache nichts verstünden, sei diese Sache nicht wichtig.

Erschreckend finde ich es gerade bei selbst gemachten Büchern, wenn Autoren ihre Geringschätzung gegenüber dem Lektorat erstens unfreiwillig beweisen und zweitens, ohne es zu merken. So wie es in der Zahnmedizin Handwerk und Pfusch gibt, gibt es beim Büchermachen Handwerk und Pfusch. Profis erkennen den Pfusch sofort. Also halten Sie sich an die Profis! Ihr Buch sollte auf keinen Fall in irgendeiner Schublade namens »unseriös« landen. Das gilt erst recht, wenn Sie sich mit diesem Buch als Experte positionieren wollen. Es ist absolut wichtig, dass Ihr Buch höchst seriös und professionell ist, und dazu brauchen Sie ein Lektorat.

Lektoren – oder auch Buch-Coachs – freuen sich übrigens über eine Sache ganz besonders: wenn Sie sie möglichst früh einbinden. Sicher können Sie erst am Ende Ihrer Arbeit einen Lektor damit beauftragen, Ihr Buch zu lektorieren; aber gehen Sie ruhig mal davon aus, dass die Terminkalender guter Leute voll sind. Denken Sie ein wenig mit bei der Planung und bitten Sie einen Lektor nicht, bis Ende der Woche Ihr Buch zu lektorieren. Nehmen Sie bereits zu Beginn Ihrer Arbeit Kontakt zu Ihrem Lektor oder Ihrer

Lektorin auf und lassen Sie ihn oder sie gleich Ihr Inhaltsverzeichnis und Ihren Klappentext begutachten. Seien Sie dabei offen für Feedback! Und fürs Schlusslektorat rufen Sie bitte sechs bis acht Wochen vor Ihrem Wunschtermin an.

Außerdem sollten Sie bereits vorher mit Ihrem Lektor besprechen, in welcher Form Sie Ihr Manuskript übermitteln – manche wollen Word-Dateien, andere bevorzugen PDFs, die nächsten wünschen Papier. Richten Sie sich hier nach den Dienstleistern und geben Sie ihnen, was sie wollen. Das Ziel hier ist es, den Leuten die Arbeit so einfach wie möglich zu machen.

Das Korrektorat

Das Gleiche gilt fürs Korrektorat: Bitte würdigen Sie Korrektoren, bitte planen Sie auch das Korrektorat mit ausreichendem Vorlauf ein, und bitte fragen Sie auch den Korrektor, in welchem Format er Ihren Text bearbeiten möchte. Nebenbei bemerkt: Ein Lektorats- oder Korrektoratstermin hat auch eine disziplinierende Funktion – jetzt haben Sie eine Deadline und keine Ausreden mehr. Jetzt müssen Sie!

Zunächst einmal aber ist es wichtig, Lektorat und Korrektorat zu unterscheiden. Die Unterscheidung ist zwar einfach, aber viele angehende Autoren kennen den Unterschied eben nicht: Während das Lektorat Ihren Text auch inhaltlich prüft, kümmert sich das Korrektorat nur die Korrektur –

wie der Name schon sagt. Das heißt: Wenn Sie einen Korrektor beauftragen, schaut der wirklich nur nach Rechtschreibfehlern und Tippfehlern, also nach falschen Einzügen, nach fehlenden Kommas und doppelten Leerzeichen und danach, ob Sie vor oder hinter drei Punkten (»...«) ein Leerzeichen setzen oder nicht. Der Korrektor schaut nach scheinbaren Kleinigkeiten wie danach, ob Anführungszeichen richtig herum gesetzt sind. Der Inhalt ist dem Korrektor eher egal.

Natürlich meldet sich ein guter Korrektor, wenn er den Eindruck hat, dass etwas am Inhalt nicht stimmt; möglicherweise markiert er die entsprechende Passage und schreibt etwas dazu. Aber damit überzieht er im Grunde seinen Auftrag. Viele Korrektoren sind auch gute Lektoren, das ist klar. Aber wenn Sie von einem Korrektor erwarten, dass er für Sie auch Lektoratsaufgaben übernimmt, dann sollten Sie ihn dazu entsprechend briefen und auch entsprechend bezahlen. Denn im Grunde sind es dann zwei Aufträge, nicht einer.

Nein, Sie haben das Schreiben nicht in der Schule gelernt

Das Wichtigste zum Thema Korrektorat ist: Für ein Korrektorat genügt die Rechtschreibprüfung in Word nicht. Sie genügt nicht. Bitte glauben Sie mir. Es stimmt wirklich. Und Ihr Schulwissen aus dem Deutschunterricht genügt auch nicht, bitte glauben Sie mir das auch.

Einer der größten Irrtümer der Gegenwart ist der, wir hätten das Sprechen und Schreiben in der Schule gelernt. Dort haben wir aber nur eine geringe Basis erworben, und auch die Rechtschreibreformen haben letztlich eine enorme Unsicherheit bewirkt. Um es platt zu sagen: Auch wenn Sie seit Jahren einen Führerschein haben und unfallfrei Auto fahren, könnten Sie heute durch die Theorieprüfung fallen. Auch Schreiben ist ein ernst zu nehmendes Handwerk und nichts, was man nebenher erlernt.

Tippfehler in Büchern sind heute übrigens viel häufiger als früher. Der Hauptgrund dafür ist sicher, dass Menschen heute mehr in der gleichen Zeit machen als früher. Außerdem verlassen wir uns auf die IT. Zugleich geht das Wissen den Bach runter. Wir befinden uns derzeit ganz generell in einer Bildungskrise, was naturgemäß leider nur gebildete Menschen merken. Die anderen merken gar nichts, wenn sie beispielsweise »Ich bin Zuhause« schreiben, nur weil sich das Substantiv »Zuhause« groß und zusammenschreibt. Im Adverb »zu Hause« oder »zuhause« schreibt sich der Buchstabe »z« aber klein, es ist ja auch eine andere Wortart.

Ich will nicht sagen, dass es in meinen Büchern keine Tippfehler gibt, vermutlich gibt es sie. In jedem Fall ärgere ich mich enorm über Fehler in meinen Texten, und darum schaue ich, dass ich möglichst keine Fehler mache. Und ich beauftrage eben auch ein professionelles Korrektorat. Das heißt: Ich tue, was ich kann. Ein seriöser Verlag macht das auch. Und das sollten Sie auch tun.

Es kann übrigens sein, dass ein Verlag kein Lektorat und kein Korrektorat bereitstellt, sondern diese Aufgaben den Autoren überlässt. Man kann von dieser Tendenz halten, was man will – sie ist einfach ein Zeichen dafür, dass sich die Gepflogenheiten auch im Buchmarkt ändern. Das Büchermachen wird insgesamt schlanker, auch Verlage untersuchen ihre Prozesse nach Vereinfachungen und Automatisierungsmöglichkeiten. Sollten Sie Ihr Buch also in einem klassischen Verlag herausbringen wollen, dann sollten Sie vorher klären, wer die Aufgaben Lektorat und Korrektorat übernimmt, also wer sie am Ende koordiniert und bezahlt. Vor allem das Hin und Her ist hier die Arbeit.

Ist Ihr Manuskript durch Lektorat und Korrektorat gelaufen, übertragen Sie oder der Verlag die Änderungen. Traditionellerweise schreiben Lektoren und Korrektoren nicht in Ihr Buchmanuskript rein, sondern geben Ihnen beziehungsweise dem Verlag eine Datei mit Anmerkungen zurück, oftmals auf Papier. Respektieren Sie das einfach, auch wenn es Ihnen antiquiert erscheint.

Der Druck

Ist Ihr Manuskript durch Lektorat und Korrektorat gelaufen, übertragen Sie oder der Verlag die Änderungen. Bevor das Ganze dann in Druck geht, ist die Druckdatei fertig zu machen. Dieser Prozess ist eine Wissenschaft für sich. Wenn Sie die Chance haben, mal eine Druckerei zu besichtigen, dann tun Sie das unbedingt, es ist wirklich spannend.

In der sogenannten Druckvorstufe macht der Verleger das Dokument druckfertig. Dazu gehört es möglicherweise,

Grafiken anzupassen. Auch das »Ausschießen« ist ein Teil dieses Prozesses, also das erwähnte Verteilen der Buchseiten auf die Druckbögen. Berufsmäßig kennt sich damit der »Mediengestalter Digital und Print« aus, in der Schweiz »Polygraf« genannt.

Beim Offsetdruck, wie beispielsweise bei der Zeitung, ist ein entscheidender Schritt, die Druckplatten zu belichten – ein Zwischenschritt, der beim Digitaldruck wegfällt. Der Digitaldruck eignet sich zwar nicht für riesige Auflagen wie bei einer Zeitung, aber er eignet sich fürs Print on Demand und eben auch für geringe Auflagen.

Und jetzt kommt das Spannende, warum Sie sich um die Details beim Druck erst einmal gar nicht kümmern müssen: Wenn Sie in einem Verlag veröffentlichen, koordiniert das der Verlag, und Sie geben nicht unbedingt ein druckfertiges PDF ab, sondern ein Manuskript in Word. Ist dieses Manuskript professionell layoutet und stimmen alle Umbrüche, wird der Verlag daraus das Druck-PDF erstellen.

Bringen Sie Ihr Buch selbst heraus, dann exportieren Sie Ihr fertig layoutetes, geschriebenes und korrigiertes Textdokument als PDF und schicken es der Druckerei. Die Druckerei macht daraus dann in aller Regel schon etwas Professionelles.

Möglichkeiten, ein Word-Dokument als PDF zu exportieren, gibt es mehrere: Ich selbst nutze einfach in Word die Option »Speichern unter«, wähle dort als Format das PDF aus und klicke die Option »Optimal zum Drucken« an (die andere Option lautet »Optimal für elektronische Verteilung und Barrierefreiheit« und ist in Word voreingestellt). Oder aber Sie nutzen einen PDF-Writer, der in der Logik der IT ein Drucker ist, nur dass er eben nicht auf Papier druckt, sondern eine virtuelle Druckseite herstellt. Ein empfehlenswerter PDF-Writer ist meines Wissens »eDocPrintPro«, den Sie kostenlos bei heise.de herunterladen können.[16]

Denken Sie beim Exportieren übrigens unbedingt daran, Ihre Schriften ins PDF einzubetten. Wenn die PDF-Datei nicht weiß, was sie unter Ihren Schriften zu verstehen hat, kann sie sie nicht abbilden. Ich selbst arbeite auf Mac und bette meine Schriften nicht selbst ein, sondern schicke die Schriften gemeinsam mit meinem PDF zu meinem Dienstleister Tredition, der sie dann ins Druck-PDF einbettet. Das leistet auch eine Druckerei für Sie. Für Windows gibt es dafür Tools wie PDF24: Dort finden Sie im Fenster »Speichern als ...« die Option »PDF« und dann den Reiter »Schriftarten«. Dort betten Sie Ihre Schriften ein.

Das Papier

Eine wichtige Entscheidung ist, auf welchem Papier Sie drucken. Gute Druckereien schicken Ihnen gerne Proben. Bei Tredition hat sich für mich das Papier Chamoix bewährt: Es ist ganz leicht strukturiert und nicht schneeweiß, und damit wirkt es schon edler als gewöhnliches Kopierpapier. Nichts wirkt auf mich dilettantischer als Bücher, die auf glattem,

---

[16] https://www.heise.de/download/product/edocprintpro-19995

schneeweißem Papier gedruckt sind. Kommen dann noch Leerzeilen statt Einzügen dazu, ist der Eindruck perfekt, dass das Ding zu Hause am privaten Laserdrucker entstanden und auch in anderer Hinsicht unprofessionell ist.

Die Papierentscheidung hat übrigens auch noch eine Bedeutung für Ihren Umschlag: Erst wenn die Papiersorte und die Seitenzahl des Buches bekannt sind, lässt sich die Breite des Buchrückens berechnen. Mein Tipp ist also für den Fall, dass Sie Ihr Buch komplett selbst designen, wie ich dieses hier designt habe: Wählen Sie früh die Papiersorte und legen Sie sich möglichst rasch auf Ihre Seitenzahl fest, damit Sie Ihren Umschlag schnell produzieren können.

Und noch ein Wort zum Umschlag: Vorsicht, bei manchen Anbietern sind die Umschläge zu dünn, werden wellig und verbiegen sich. Das ist bei Dushan Wegners Buch »Talking Points« – wie erwähnt – leider auch der Fall. Das Buch ist laut Impressum eine Amazon-Produktion.

Wenn Sie ein Buch drucken lassen, begeben Sie sich im Grunde immer auf einen Blindflug. Wenn Sie eine Papiersorte auswählen, haben Sie sie in aller Regel nicht vor sich. Auch eine Probe des Umschlagpapiers muss sich am Ende physisch nicht so verhalten, wie das Papier sich im verarbeiteten Buch verhält. Um hier sicherzugehen, habe ich bei Tredition zu Beginn der Zusammenarbeit einfach ein Probeexemplar bestellt, mich von der Qualität überzeugt und mir zusichern lassen, dass man meine Bücher auf die gleiche Weise mit dem gleichen Material produziert.

Die Auslieferung

Damit Ihr Buch in den Handel kommt, brauchen Sie eine Auslieferung: Das Buch muss irgendwie zum Buchhändler kommen oder auch zu Amazon. Erscheint Ihr Buch in einem Verlag, kümmert sich der Verlag um die Auslieferung. Verlegen Sie es selbst, müssen Sie sich selbst darum kümmern.

Die Voraussetzung dafür, dass Ihr Buch lieferbar ist, ist die Aufnahme ins Verzeichnis lieferbarer Bücher (VLB).[17] Dazu melden Sie oder Ihr Verlag das Buch ans VLB. Mit dem Eintrag können Buchhändler Ihr Buch nun finden und bei Ihnen oder Ihrem Verlag bestellen.

Damit Sie als Selfpublisher aber nicht selbst einzelne Bücher zur Post bringen müssen, können Sie die Auslieferung an Dienstleister wie beispielsweise Libri[18], die KNV Zeitfracht GmbH (KNV)[19] oder Umbreit[20] auslagern. Hier unterscheiden sich die Geschäftsmodelle: Eine sogenannte Verlagsauslieferung hat das gesamte Programm der Verlage vorrätig, mit denen Verträge bestehen, und verschickt deren Bücher gegen einen Prozentsatz oder eine Pauschale, während ein Barsortiment Bücher von den Verlagen zu einem Rabatt einkauft und zum offiziellen Buchpreis weiterverkauft. Insgesamt ist der Markt hier sehr bunt –

---

[17] https://vlb.de/

[18] https://www.libri.de/de/

[19] https://www.knv-zeitfracht.de/

[20] https://www.umbreit.de/start.html

aber wenn Sie Ihre Bücher im Eigenverlag auf den Markt bringen wollen, brauchen Sie letzten Endes einen dieser Dienstleister.

Oder aber Sie wählen Tredition und haben damit einen Dienstleister, der Ihnen auch die Auslieferung abnimmt – und zwar sowohl dann, wenn Sie Ihr Buch mit dem Label »Tredition« veröffentlichen, als auch dann, wenn Sie Tredition nur als Dienstleister für Ihren eigenen Verlag nutzen.

Amazon FBA

Eine spannende Möglichkeit ist es auch, Bücher komplett über Amazon produzieren und ausliefern zu lassen. Ich habe damit keine Erfahrung, außer als Leser von Büchern wie »Talking Points«. Die entsprechende Sparte bei Amazon heißt »FBA«, das ist die Abkürzung für »Fulfillment by Amazon«, also etwa »Vertragsausführung durch Amazon«.

Um auf diese Weise ein Buch auf den Markt zu bringen, brauchen Sie einen Account beim »kindle direct publishing« von Amazon.[21] Dort laden Sie das PDF Ihres Buches hoch.

Sinnvoll ist das allerdings nur, wenn Sie Ihr Buch tatsächlich komplett selbst managen. Erscheint es in einem Verlag oder bei einem Dienstleister wie Tredition, hätten Sie durch den ergänzenden Upload bei Amazon zwei E-Books dort online, und Ihren Verlag dürfte das sicher stören. Das

21 https://sellercentral-europe.amazon.com/

heißt: Im Grunde eignet sich diese Form des Selfpublishings nur dann, wenn Sie noch nicht für eine Auslieferung gesorgt haben.

Digistore24

Eine weitere spannende Oberfläche für Buchverkäufe ist Digistore24, kurz: »Digistore«.[22] Ideal ist Digistore für digitale Produkte, also für Produkte, bei denen keine Transporte anfallen. Bei Digistore finden Sie jede Menge Software, Onlinekurse und Tickets für Veranstaltungen. Von den Einnahmen zwackt sich Digistore einen Anteil ab und übernimmt dafür die komplette Kaufabwicklung für Sie.

Für Sie als Autorin oder Autor bedeutet das: Digistore ist ein zusätzlicher Verkaufskanal für Ihr Buch als PDF. Natürlich produzieren Sie Ihr E-Book im Format EPUB, damit es beispielsweise fürs Kindle von Amazon lesbar wird. Aber warum sollten Sie Ihr Buch nicht auch noch zusätzlich über Digistore als PDF vertreiben? Zumal Digistore die Möglichkeit bietet, dass Affiliates Ihr Buch vertreiben. Affiliates sind Vertriebspartner, die Ihre digitalen Produkte ihrerseits vermarkten und mit denen Sie sich die Beute teilen. Letztlich brauchen Sie ein Digistore-Konto als »Vendor« (damit ist »Verkäufer« gemeint oder genauer »Content-Lieferant«), und Sie müssen Ihr Buch dort als Produkt anlegen. Indem Sie es auf den »Marktplatz« werfen und dort ebenfalls als

---

[22] https://www.digistore24.com/

Produkt anlegen, stellen Sie es den potenziellen Affiliates zur Verfügung, die sich ihrerseits über ein Konto mit der Bezeichnung »Affiliate« bei Digistore einloggen.

Eine Voraussetzung dafür ist natürlich, dass Sie die Rechte an Ihrem Buch entweder komplett besitzen, also Ihr Buch als Selfpublisher auf den Markt bringen, oder aber mit Ihrem Verlag vereinbaren, dass Sie auf diesem Wege das Buch vertreiben dürfen – so haben es Frank Eckert und ich zum Beispiel mit dem Buch »Sind die Medien noch zu retten?« gemacht. Dieses Buch ist regulär im Handel, aber zugleich auch als PDF bei Digistore erhältlich.[23] Meine in meinem eigenen Verlag erschienenen Bücher finden Sie bei Digistore natürlich auch, beispielsweise »Schluss mit förmlich!«.[24]

Also: Zusatzgeschäfte wie Einnahmen durch den PDF-Verkauf bei Digistore sind nicht nur für Selfpublisher denkbar, sondern auch für Autoren, die sich vertraglich an einen Verlag gebunden haben. Wie es bei Verträgen nun einmal so ist: Es gilt, was man reinschreibt. Mehr dazu später – ich habe da nämlich noch ein paar spannende Anregungen für Sie. Viele Leute glauben gar nicht, was man in einen Verlagsvertrag so alles reinschreiben kann.

---

[23] https://www.digistore24.com/product/202645

[24] https://www.digistore24.com/product/290338

Die Deutsche Nationalbibliothek

Sobald Ihr Buch gedruckt vorliegt, sind Sie verpflichtet, zwei Exemplare an die Deutsche Nationalbibliothek (DNB) zu schicken. Die Deutsche Nationalbibliothek sammelt alle Bücher, die in deutscher Sprache erscheinen. Diese Sammlung ist in der »Deutschen Nationalbibliografie« verzeichnet.

Das Recht, von Verlagen oder auch Selfpublishern Bücher anzufordern – natürlich ohne Bezahlung und auf Kosten des Verlages oder Autors – ist das sogenannte Pflichtexemplarrecht, das sich aus dem Gesetz über die Deutsche Nationalbibliothek (DNBG) ergibt, in deren erstem Paragrafen es heißt: »Die Deutsche Nationalbibliothek ist die zentrale Archivbibliothek und das nationalbibliografische Zentrum der Bundesrepublik Deutschland.« In Paragraf 15 steht dann: »Ablieferungspflichtig ist, wer berechtigt ist, das Medienwerk zu verbreiten oder öffentlich zugänglich zu machen, und den Sitz, eine Betriebsstätte oder den Hauptwohnsitz in Deutschland hat.« Das ist in aller Regel der Verlag, beim Selfpublishing der Autor.

Und warum sollen Sie zwei Bücher schicken? Weil die DNB zwei Sitze hat – einen in Frankfurt am Main und einen in Leipzig. Dort können Sie alle Bücher lesen, die bisher in deutscher Sprache erschienen sind, aber nur im Lesesaal, ausleihen geht nicht.

Also machen Sie als Selfpublisher ein Päckchen mit zwei Exemplaren Ihres Buches fertig, das Sie je nach Ihrem

Standort nach Frankfurt oder nach Leipzig schicken. Alles ist geregelt: Haben Sie Ihren Sitz in Baden-Württemberg, Bayern, Bremen, Hamburg, Hessen, Niedersachsen, Rheinland-Pfalz, im Saarland oder in Schleswig-Holstein, schicken Sie Ihr Päckchen nach Frankfurt am Main; leben Sie aber in Berlin, Brandenburg, Mecklenburg-Vorpommern, Nordrhein-Westfalen, Sachsen, Sachsen-Anhalt oder Thüringen, dann adressieren Sie es an die DNB in Leipzig.[25] Kommt Ihr Paket bei der DNB in Frankfurt an, schicken die Frankfurter ein Exemplar nach Leipzig; kommt es in Leipzig an, schicken die Leipziger ein Exemplar nach Frankfurt.

Außerdem bekommen Sie vielleicht eine E-Mail einer regionalen Bibliothek, die ein Pflichtexemplar anmahnt – in meinem Fall war das die Hochschul- und Landesbibliothek Fulda. Aber es hat ja auch niemand behauptet, das Büchermachen sei einfach und gestalte sich unbürokratisch.

Und übrigens: Man gibt sich bei der DNB auch nicht mit Paperbacks zufrieden, wenn es Hardcover gibt. Die DNB sammelt prinzipiell die am besten haltbaren Ausgaben. Also machen Sie nicht den Fehler und schicken Paperbacks weg, wenn Ihr Buch auch als Hardcover erscheint. Schicken Sie gleich Hardcover.

---

[25] https://www.dnb.de/DE/Professionell/Sammeln/Koerperliche_Medienwerke/koerperliche_medienwerke_node.html

Die Anmeldung bei der VG Wort

Ganz unabhängig davon, ob Sie Ihr Buch über einen Verlag herausbringen oder als Selfpublisher, Sie sollten sich in jedem Fall bei der VG Wort anmelden. Die VG Wort heißt vollständig »Verwertungsgesellschaft Wort« und ist so etwas wie die GEMA für Autoren. Sind Sie also Autorin oder Autor, erhalten Sie zusätzlich zu Ihren Verlagshonoraren oder Einnahmen aus Ihren Buchverkäufen noch Auszahlungen aus der VG Wort. Damit will die VG Wort Ihrem Anspruch auf »angemessene Vergütung« gemäß dem Urheberrechtsgesetz gerecht werden, den Sie auch deswegen haben, weil beispielsweise Bibliotheken Ihr Buch vorrätig halten oder Leute daraus Seiten kopieren.

Hier zeigt sich übrigens ein Nachteil des Selfpublishings: Damit die VG Wort Ihr Buch als relevant anerkennt, muss es in einer bestimmten Anzahl von Bibliotheken vorrätig sein. Dieser Gedanke ist auch sinnvoll, wenn wir uns den Sinn der VG Wort vor Augen halten. Der Punkt ist nur: Wie kommt Ihr Buch in eine Bibliothek? Abgesehen von der erwähnten Deutschen Nationalbibliothek, die Sie ja auf der Basis einer Pflicht beliefern müssen, kommt erst mal keine Bibliothek auf die Idee, Ihr Buch bei Ihnen anzufordern, weil keine Bibliothek von Ihnen und Ihrem Buch weiß. Bibliotheken durchstöbern in aller Regel vollautomatisch Besprechungsdienste, und bei diesen vollautomatischen Abläufen sind Selbstverlage tendenziell im Nachteil. Außerdem sind

Verlagsprospekte eine wichtige Informationsquelle für Bibliotheken, und genau diesen Aufwand wollen Selfpublisher ja in der Regel eben nicht leisten.

In einem Brief der VG Wort von 2019 an mich heißt es dazu: »Um in angemessenem Umfang genutzt zu werden, benötigen Bücher nach unseren Richtlinien mindestens fünf leihverkehrsrelevante Standorte in zwei regionalen Verbundsystemen. […] Schenkungen werden dabei nicht berücksichtigt.« Es hat also auch wenig Sinn, dass Sie Ihr Buch einfach an einen Schwung Bibliotheken schicken. Weiter heißt es in dem Schreiben: »Überprüft wird die geforderte Verbreitung über den Karlsruher virtuellen Katalog (KVK), über den der Bestand nahezu aller wissenschaftlichen Bibliotheken Deutschlands zugänglich ist.«[26] Und: »Alternativ können 50 Prozent der Tantieme ausgeschüttet werden, wenn zumindest drei Standorte im KVK gegeben sind oder uns der überprüfbare Nachweis (Abrechnung Verlag, Umsatzsteuervoranmeldung/Steuerberater etc.) über mindestens 100 verkaufte Exemplare in Deutschland vorgelegt wird.« Und das finde ich jetzt interessant: Wenn es nach diesem Brief geht, genügt der Nachweis über 100 Verkäufe, und das sollte im Grunde kein großes Problem sein.

Weiter schließlich: »Sollten Sie unabhängig davon durch eigene Recherchen feststellen, dass die von Ihnen gemeldeten Publikationen die erforderliche Verbreitung er-

---

[26] http://kvk.bibliothek.kit.edu

reichen, so können Sie diese mit einem entsprechenden Vermerk erneut einreichen, sofern nicht Ausschlussfristen entgegenstehen.« Man ist also durchaus offen – und übrigens auch kooperativ am Telefon. Das hat auch gute Gründe: Die VG Wort vertritt ja eben Autoren. Entsprechend hilfsbereit sind die Leute dort, wenn man sie anruft.

Verlag oder Selfpublishing?

Über Vorteile und Nachteile von Verlagen, über zu viele Aufgaben auf einmal und über Dienstleister, die Ihnen das Selfpublishing leichter machen können

Jetzt haben Sie schon eine ganze Menge gelesen zum Thema Buchproduktion. Das vorige Kapitel war deswegen so umfangreich, weil es in meinen Augen wichtig ist, die Komplexität des Ganzen zu kennen. Sie wissen jetzt, welche Etappen ein Buch von seiner Idee bis zur Auslieferung durchläuft. Jetzt können Sie möglicherweise besser entscheiden als vorher, ob Sie Ihr Buch in einem herkömmlichen Verlag veröffentlichen wollen oder ob Sie tatsächlich als Selfpublisher auftreten werden.

In diesem Kapitel hier will ich beide Möglichkeiten – und auch Mischformen – noch einmal detaillierter beschreiben. Beides hat Vor- und Nachteile. Und ich werde etwas näher auf Tredition eingehen; diesen Dienstleister hatte ich ja bisher immer wieder einmal erwähnt.

Lassen Sie mich kurz von der wechselvollen Geschichte meiner Bücher erzählen, vor allem von dem Titel »Komm zum Punkt!«. »Komm zum Punkt!« war mein erstes großes Positionierungsbuch – es bündelt das Thema und das Know-how zum klaren Ausdruck in der Businesskommunikation. Mein erstes Buch war es nicht: Vorher war zu dem Thema schon »30 Minuten für gutes Schreiben« erschienen, ein Fast-Reader bei GABAL.

Positionierungstechnisch war das ein Fehler. Es wäre klüger gewesen, zuerst das große Buch zu bringen und dann das kleine. Wenn Sie mit einem kleinen Büchlein auf den Markt gehen, dann ist das nicht so unbedingt der wirkungsvollste Impact, um Sie für Kunden attraktiv zu machen. Dafür brauchen Sie einen großen Titel, der am besten auch als Hardcover erscheint.

»Komm zum Punkt!« ist als Hardcover erschienen, damals bei Eichborn für 19,95 Euro. Das Buch hat – trotz des Vorläufers in Miniaturform – seinen Zweck gut erfüllt und mir bei meiner Positionierung als Experte für Klartext und klare Kommunikation gut geholfen. Es ging gut durch die Presse und war auch in den einschlägigen Businessmedien, sodass der Markt relativ schnell von meinem Thema und mir erfuhr. Da es bis dahin im Grunde nur das Aktionsfeld zwischen Schreibschule und Rhetoriktraining gab und nichts Nennenswertes dazwischen, war das Thema »Klarer Ausdruck« mein Feld, und zwar schriftlich und mündlich. Es gibt zwar immer noch Leute, die mich aufs Schriftliche festnageln wollen, aber denen sage ich immer wieder gerne: Ob wir einen Schachtelsatz sprechen oder schreiben, ist egal – wir sollten ihn auflösen. Bürokratische Sprache stört mündlich genauso wie schriftlich, wir sollten von dieser Sprache wegkommen.

Also: Meine ersten Bücher sind in Verlagen erschienen. Warum erschien »Komm zum Punkt!« nicht bei GABAL, wie auch das 30-Minuten-Buch? Das hatte einen ganz simplen Grund: GABAL wollte mein Buch in der »weißen Reihe« veröffentlichen, also als »Whitebook«. Das sind Bücher, deren Design einheitlich ist, und das war mir zu unauffällig. Ich hatte damals keine Chance, das Buch dort in einem attraktiveren Format zu platzieren, also habe ich mich auf die Suche nach einem anderen Verlag gemacht. Meine damalige Agentin hat den Kontakt zu Eichborn hergestellt, und dort ist das Buch im Jahr 2009 in einer sehr schönen Aufmachung erschienen.

Alles wäre gut und schön gewesen, hätte Eichborn dann nicht seine komplette Ratgebersparte verkauft. Der Verlag wollte sich umorientieren, und so hat er das komplette Sortiment an Ratgebern namens »Eichborn Berufsstrategie« an den STARK-Verlag in Hallbergmoos bei München verkauft. Der Verkauf hat einige Wellen geschlagen, die Autoren sind Sturm gelaufen gegen diese Entscheidung – und aus dieser Erfahrung entstand meine Erkenntnis, künftig in Buchverträgen die Klausel unterzubringen, dass der Verlag mich vor einem Verkauf meines Vertrages und Buches um Erlaubnis bitten muss und dass die Rechte im Falle meiner Weigerung an mich zurückfallen, und zwar unentgeltlich.

Die Arbeitsatmosphäre und der Umgang beim STARK-Verlag waren zwar wirklich freundlich und angenehm, aber das Buchmarketing hat nicht unbedingt so geklappt, wie ich mir das als Autor gewünscht hätte. Nicht dass der Verlag untätig gewesen wäre: Wie erwähnt, hat man Lesungen mit mir veranstaltet. Erst hielt ich das für eine tolle Sache, aber mit ein wenig mehr Erfahrung hätte ich wissen können, dass Ratgeber nicht unbedingt die richtigen Formate für Lesungen sind, jedenfalls nicht für einen unbekannten Autor.

Durch »Komm zum Punkt!« war ich in meiner Zielgruppe bekannt, also bei Führungskräften, die sich vorrangig mit Kommunikation befassen, also Marketing-, Vertriebs- und Personalleute, außerdem natürlich die Kundenkommunikation. Aber die Leute auf der Straße kannten mich damals nicht und kennen mich auch heute nicht. Meine Themen sind keine Themen, die jeden interessieren, sondern allenfalls für Nischen interessant. Selbst »Mach dein Ding!«, ein Buch zur beruflichen Selbstbestimmung und Selbstverwirklichung, interessiert erfahrungsgemäß nur einen winzigen Bruchteil der Bevölkerung – die überwiegende Mehrheit versteht überhaupt nicht, warum ein Leben im Arbeitnehmerverhältnis nur eine von vielen Lebensweisen ist.

Diese Dinge haben wir damals also falsch eingeschätzt. Und ich berichte Ihnen davon, weil ich Ihnen wünsche, dass Sie bei Ihrer Buchpositionierung nicht so im Nebel stochern.

Eines Tages dann geschah der Super-GAU: »Komm zum Punkt!« war nicht mehr lieferbar. Das ist für einen Autor die schlimmstmögliche Wendung. Sämtliche Kunden, die sich für einen interessieren und die nach dem Buch schauen, lesen bei Amazon, dass es dieses Buch nicht mehr gibt. Und sie finden keine Neuauflage. Die Folgen einer solchen Entwicklung können katastrophal sein: Möglicherweise erscheint plötzlich ein Buch mit demselben Titel eines anderen Autors, und dieser Autor gewinnt dann den Prozess, weil mein Buch ja gar nicht mehr auf dem Markt ist.

Solche Dinge sind eindeutige Indizien dafür, dass ein Buch im falschen Verlag verlegt ist. Sollte Ihnen so etwas geschehen, müssen Sie unbedingt die Reißleine ziehen. Das habe ich auch gemacht und mir die Rechte an »Komm zum Punkt!« zurückgeholt. Wichtig ist in so einem Fall, dass Sie das entsprechende Schreiben des Verlages gut aufbewahren und einen Scan davon auf Ihrer Festplatte im Bankschließfach verwahren, wie alle anderen wichtigen Unterlagen.

Das war der Start meiner Selfpublishing-Aktivitäten. »Komm zum Punkt!« musste unbedingt sofort wieder auf den Markt, am besten vorgestern. Es unter diesen Umständen einem Verlag anzubieten wäre zu langwierig geworden; das Buch wäre mindestens ein Jahr später erschienen. Also habe ich das Buch im Eigenverlag produziert. Bei der Gelegenheit habe ich das Manuskript komplett überarbeitet, sodass das Buch jetzt als 4., überarbeitete Auflage auf dem Markt ist, als Paperback für 11,90 Euro. Das Buch war somit schnellstmöglich wieder lieferbar, und das zu einem Preis, der für niemanden ein Hindernis darstellt.

Als Eichborn damals die Ratgeber verkauft hat, hätte es sicher auch die Möglichkeit gegeben zu kämpfen. Das haben auch viele Autoren getan. Gloria Beck beispielsweise ist es gelungen, ihren Titel »Verbotene Rhetorik« zu PIPER umzuziehen, was sicher genau die richtige Entscheidung war. Inzwischen ist das Buch im Hermann Walser Verlag erschienen. Bei Amazon herrscht in solchen Fällen scheinbar Chaos: Die Eichborn-Ausgabe ist – ebenso wie meine – nach wie vor gelistet, aber erkennbar nur noch im Antiquariat zu haben. Auf den ersten Blick kann ein Kunde möglicherweise denken, das Buch sei vergriffen, aber nach ein wenig Scrollen und Klicken findet sich dann die entsprechende Neuauflage. Ärgerlich sind solche Dinge in jedem Fall.

Was zählt, ist Marketingwucht

Wenn es jetzt um die Entscheidung zwischen klassischem Verlag und Selfpublishing geht, dann zählt für mich als allerwichtigstes Kriterium die Frage, was der Sinn Ihres Buches ist. Ist der Sinn Ihres Buches möglichst große Reichweite, weil es tatsächlich ein Massentitel ist? Dann rate ich Ihnen vom Selfpublishing ab und empfehle unbedingt einen marketingstarken Verlag. Dient Ihr Buch aber vor allem einer Nischenpositionierung, dann ist die Frage, ob Sie auf dem Markt schon bekannt sind oder nicht.

Sind Sie noch unbekannt, rate ich Ihnen auch hier zu einem marketingstarken Verlag. Sind Sie bereits positioniert, dann ist Selfpublishing eine Möglichkeit, auf jeden Fall für Ihr zweites Buch. Für Ihr Erstlingswerk empfehle ich Ihnen Selfpublishing im Grunde nur dann, wenn Sie selbst eine ordentliche Marketingwucht mitbringen, also mehrere Tausend hoch qualifizierte Adressen in Ihrem Verteiler und enorm frequentierte Social-Media-Kanäle haben. Andernfalls ist ein klassischer Verlag vielleicht die bessere Wahl.

Das Entscheidende für Ihren Erfolg in einer Businessnische ist nämlich nicht, dass Sie gut sind; entscheidend ist so gut wie ausschließlich, dass Sie sichtbar sind. Also muss ein Buch Ihre Sichtbarkeit unterstützen. Und das tut es besser, wenn ein klassischer Verlag Ihnen dabei hilft, das Thema bekannt zu machen. Wie schon beim Thema VG Wort gesehen, erfahren schon Bibliotheken leichter von Ihrem Buch, wenn es in einem klassischen Verlag erscheint.

Veröffentlichen in einem klassischen Verlag

Wenn ich sage, dass das Marketing bei klassischen Verlagen besser ist als beim Selfpublishing, dann ist das aber auch nur eine ungefähre Aussage. Dass ein Verlag Ihr Buch ordentlich vermarktet, ist nicht garantiert. Es hängt vor allem vom Verlag ab. Es gibt Verlage, deren Buchmarketing hervorragend ist, und es gibt Verlage, die hier weniger bringen.

Das Problem ist: Als Autorin oder Autor wissen Sie vorher nicht, wie gut das Marketing des Verlages ist, wenn Sie keine Autoren fragen, die dort ihre Bücher verlegt haben. Also sollten Sie unbedingt Autoren kontaktieren, die im Verlag Ihrer Träume erscheinen. Passable Verlage finden Sie wie gesagt einfach im Buchhandel; schauen Sie dort nach gut platzierten, spannenden Titeln, die mit Ihrem Thema ein wenig verwandt sind. Und dann schreiben Sie sich ein paar Buchtitel auf und kontaktieren die Autoren.

»Nein! Ich kann doch nicht einfach Autoren anrufen!«, denken Sie jetzt vielleicht. Meine Antwort: Doch, können

Sie. Die meisten Autoren, die ich kenne, dürften Ihnen auch helfen – vielleicht erst nach einem Treffen, aber immerhin.

Gute Gelegenheiten, relevante Autoren zu treffen, sind natürlich Veranstaltungen, bei denen diese Autoren auftreten, und natürlich die Buchmessen in Frankfurt und Leipzig oder auch die Convention der erwähnten German Speakers Association.

Und auch ein weiterer oft genannter Unterschied zwischen Verlag und Selfpublishing ist nicht mehr so wahr, wie er vielleicht einmal war: Es ist falsch, generell zu behaupten, Verlage seien langsamer. Sicher ist die Tendenz vieler Autoren zum Selfpublishing auch dem Tempo geschuldet – das Buch »Schluss mit förmlich!« wollte ich rasch rausbringen, und mir war es zu kompliziert, es Verlagen anzubieten. Also war das in dem Fall eben so. Beim Selfpublishing gelingt es mir, das Buch quasi in »Echtzeit« zu veröffentlichen, wenn es so etwas gibt.

Bei den allermeisten Verlagen gilt immer noch: Wenn ich im Februar 2020 einem Verlag ein Buch anbiete, kommt das Buch frühestens im Herbst 2021 raus. Und das ist mir (und vielen anderen Autoren) in diesen Zeiten einfach zu langsam. Trotzdem ist es möglich, dass ein etablierter Verlag ein Buch ebenfalls schnell auf den Markt bringt – das ist bei diesem Buch hier zum Beispiel der Fall. Midas ist einer der Verlage, die zunehmend antizyklisch arbeiten und Bücher unabhängig von den Buchmessen in Frankfurt und Leipzig und den herkömmlichen Erscheinungsterminen auf den Markt bringen. Andere Verlage sind ebenfalls dabei, ihre Erscheinungspolitik zu hinterfragen und schnellere Publikationen zu ermöglichen. Es lohnt sich also, sich umzuhören – der Markt ist derzeit enorm in Bewegung.

Recherchieren Sie alles über Ihren Verlag!

Die Erfahrungen anderer Autoren mit Verlagen sind in meinen Augen sehr wichtig und oft genug auch überraschend. Daher sollten Sie möglichst alles über die Verlage wissen, bei denen Sie Ihr Manuskript einreichen. Dazu ist es auch mal nötig zu recherchieren.

Lassen Sie mich Ihnen dazu von einem Erlebnis berichten: Bei einer Veranstaltung lerne ich einen Mann kennen, der im Publikum saß und sich im Anschluss auch als Buchautor zu erkennen gab. Sein Buch ist bei Springer Gabler erschienen, also bei einem Wirtschaftsverlag mit einem Hang zum Wissenschaftlichen. So, wie ich allen Teilnehmern der Veranstaltung an diesem Abend meine Bücher »Komm zum Punkt!« und »Schluss mit förmlich!« als PDF zur Verfügung gestellt habe, wollte er mir sein Buch als PDF geben. Warum auch nicht? Gut. Ich wollte es mir anschauen.

Doch er hat mir das Buch nicht einfach geschickt, sondern ich sollte es mir auf der Website von Springer Gabler herunterladen. Meine erste Reaktion war: Warum kompliziert, wenn es auch einfach geht? Aber ich verstehe es auch ein wenig, da der Autor seine Rechte ja an den Verlag abgetreten hat. Also schickte mir der Autor eine Anleitung als PDF, mit der ich über die Website ohne Kosten an sein Buch-

PDF herankommen sollte: Ich musste einen Account eröffnen, dann die Produktseite besuchen, dort das E-Book in den Einkaufswagen legen, indem ich auf den blauen Button klickte, dann ein »Token« eingeben – also eine Zeichenfolge –, und so würde sich der Preis auf null Euro reduzieren.

Ich weiß nicht, wie es Ihnen geht, aber ich hasse solche Prozesse. Was sollte ich? Einen Account anlegen? Wozu denn das? Bitte nicht! Eigentlich war da schon Schluss, mein Interesse war versiegt. Wenn etwas nicht einfach geht, dann kann es mir gestohlen bleiben.

Nur aus Sympathie machte ich weiter und versuchte, dieses Ding runterzuladen, wobei ich allmählich ungeduldig wurde, weil auf meinem Schreibtisch viel wichtigere Dinge warteten.

Mich erwartete dann ein wahres Prozessmanagement-Chaos: Vorausgewählt war beim Einkauf das »Softcover«, was die Download-Anleitung leider nicht erwähnte, sodass ich natürlich erst einmal das falsche Produkt im Einkaufswagen hatte, ohne es zu merken. Das war auch mein Fehler, ich habe einfach auf den blauen Button geklickt, wie sich das eben auf den ersten Blick aus der Anleitung ergab. Der Aufwand, genauer hinzusehen und zu schauen, was da genau in dem Button drin stand, und mich in diesen Prozess hineinzudenken – das war einfach zu viel verlangt. Der Aufwand war jetzt schon viel zu hoch, gemessen am Sinn des Ganzen, und ich werfe schlechter Zeit keine gute hinterher. Also war ich eben etwas schlampig beim Klicken – womit ich mich aber letztlich wie andere Menschen auch verhalten habe, die wenig Zeit haben und deren Prioritäten klar sind.

Ich gab das Token ein; nichts tat sich. Später dann hat es irgendwie geklappt, dass ich das E-Book kostenlos herunterladen konnte. Das PDF war dann markiert mit meiner E-Mail-Adresse – damit ich bloß nicht auf die Idee komme, jemandem dieses unfassbar wertvolle Buch weiterzuleiten. Als ich mir das Buch dann anschaute, fand ich nach wenigen Sekunden gleich im Inhaltsverzeichnis im ersten Unterkapitel (»1.1«) ein doppeltes »ung« – da stand tatsächlich das Wort »Optimierungungspotentiale« mit »ungung«. Und das war's dann eben, mein Interesse an dem Buch lag bei null.

Also nochmal: Klar mache auch ich Fehler, sicher. Aber dieser Fehler hat mich dann eben final dazu gebracht, das Buch-PDF wieder zuzuklicken. Das ist eben auch eine mögliche Reaktion auf eine solche »customer experience«. Vielleicht wäre ich etwas offener gewesen, wenn mich Autor und Verlag nicht vorher so dermaßen mit ihrem prozessualen Denken genervt hätten. Es gibt in meinen Augen überhaupt keinen Grund, Autoren den simplen Austausch von Buch-PDFs so dermaßen zu erschweren und den Leuten Knüppel zwischen die Beine zu werfen. Auch wenn ein Verlag solche Prozesse pflegt, sollten Sie das als Autor möglichst vorher wissen.

Es war dann noch ein Hickhack, bis mein Account bei Springer Gabler wieder gelöscht war. Die Korrespondenz wechselte plötzlich ins Englische, aber letztlich hat es geklappt. Eine befreundete PR-Frau erzählte mir in dem Zusammenhang, dass Journalisten sich immer wieder über das komplizierte Vorgehen bei Springer Gabler beschweren und sagen: Entweder schickt ihr mir jetzt unkompliziert das Buch-PDF oder ich schreibe nichts über das Buch. Und das ist fatal.

Also: Konkrete Erfahrungen mit Verlagen sind wichtig. Bevor Sie Ihr Buch einem Verlag anbieten, sollten Sie wissen, ob dieser Verlag die Verhandlungen in die Länge zieht, ob er viel verspricht, was er am Ende nicht hält, ob er Sie Texte überarbeiten lässt und sich dann wochenlang nicht dazu meldet, ob er das versprochene Hörbuch tatsächlich produziert oder das Ganze schleifen lässt, ob er der Presse die Arbeit schwermacht, ob er Verträge verkauft, ohne vorher die Autoren zu fragen, ob er ordentlich oder schlampig lektoriert – und, und, und. Es gibt nichts, was nicht möglich wäre.

Agieren Sie geschäftsmännisch!

Wenn Sie nun wissen, dass Ihr Verlag tatsächlich seriös ist, gehen Sie auf ihn zu. Bieten Sie Ihr Exposé an und stellen Sie sich für Telefonate und Treffen zur Verfügung. Und in der Folge agieren Sie geschäftsmännisch (oder -fraulich). »Geschäftsmännisch« bedeutet: Wenn der Verlag Sie zu einem Gespräch einlädt, dann kommen Sie hinterher nicht mit einer Kilometerabrechnung an. Möglicherweise lachen Sie jetzt, weil Sie das nie tun würden, aber ganz im Ernst: Es gibt Leute, die agieren so. Es sind Leute, die im Arbeitnehmerdenken gefangen sind und einen Verlag als Arbeitgeber betrachten. Aber das ist völliger Blödsinn, denn ein Verlag ist ein Geschäftspartner, dem Sie auf Augenhöhe begegnen. Und ebenso, wie Sie Ihre Ausgaben haben für so ein Treffen, hat auch der Verlag seine Ausgaben dafür, in Form von Zeit und Manpower. Werfen Sie also im Zweifel das Arbeitnehmerdenken aus Ihrem Kopf, auch wenn Sie Ihr Buch aus Ihrer Erfahrung im mittleren Management heraus schreiben wollen.

Geschäftsmännisch zu agieren heißt insgesamt, umgänglich und unkompliziert zu sein, kein Theater zu veranstalten und dem Geschäftspartner nicht mit wirrem Zeug zu kommen. Und zum wirren Zeug gehören eben auch Anträge auf Reisekostenerstattung, die Ihrem Ansprechpartner beim Verlag nur sagen, dass Sie ein Kauz sind, bei dem noch mehr abstruse Überraschungen zu erwarten sind. Ihr Buch kann noch so gut sein – wenn Sie nicht professionell agieren, würde ich als Verlag von Ihrem Angebot lieber absehen. Wie erwähnt, gibt es genug Spinner, die sich und ihre Gedanken für genial halten – und Verlage tun gut daran, sich solche Leute vom Hals zu halten. Also sind viele Verlage erst einmal übervorsichtig. Vor einer Zusammenarbeit muss klar sein, dass Sie Profi sind und normal im Kopf.

Zugleich verfügen Sie über Handschlagqualität. Das heißt konkret: Ihr Wort gilt. Natürlich gibt es schriftliche Verträge, und an die halten Sie sich auch, aber Sie halten sich eben auch an mündliche Zusagen. Meine Erfahrung, was Verträge betrifft: Sie sind nur für den Fall da, dass man sich entzweit. Bis dahin läuft die Kooperation einvernehmlich und vertrauensvoll, und beide Seiten nehmen einander ernst und würdigen die Arbeit des jeweils anderen. Verträge sind auch für den Fall wichtig, dass der Verlag Ihr Buch weiterverkauft oder dass der gesamte Verlag den Eigentümer wechselt. Auf der anderen Seite sind Verträge für den Fall wichtig, dass Sie vor den Bus fallen und Ihr Verlag es plötzlich mit einer zerstrittenen Erbengemeinschaft aus Wahnsinnigen zu tun hat, die keinerlei Buch- und Businesserfahrung haben. Für solche Situationen gibt es Verträge.

Vertrauen Sie Ihrem Verlag!

Und Sie sollten Ihrem Verlag vertrauen. Gehen Sie davon aus, dass dort Profis am Werk sind. Es gibt Ausnahmen, sicher, aber meist regelt das der Markt. So manche Niete »arbeitet« plötzlich »nicht mehr bei uns«, und mit einem Mal gibt es einen Ansprechpartner, mit dem Sie klarkommen.

Vertrauen Sie vor allem Ihrer Lektorin oder Ihrem Lektor. Wenn Ihr Lektor Ihnen sagt, Sie sollten eines Ihrer Kapitel weglassen, dann hat er in aller Regel Recht damit. Glauben Sie ihm. Vertrauen Sie ihm. Oder ihr. Lektorin oder Lektor sind die entscheidende Instanz für die Distanz zu Ihrem Thema.

Darum ist der Lektor auch unbedingt wichtig, wenn Sie Ihr Buchkonzept finalisieren. Also: Sie bieten Ihr Exposé mit einem Inhaltsverzeichnis an, das Sie für ideal halten. Jetzt kommt das Korrektiv des Lektors oder der Lektorin dazu, und ein kreativer Austausch entsteht. Ein guter Lektor wird

Sie dazu bringen, die Struktur Ihres Buches zu schärfen – und dann merken Sie, wie verwässert es zuvor möglicherweise war. Einer der ultimativen Vorteile bei einer Verlagskooperation ist in jedem Fall, dass es einen Lektor gibt. Er hilft Ihnen bei der Positionierung Ihres Buches mit Blick auf die Zielgruppe, und er hilft Ihnen beim Zuspitzen Ihrer Aussagen. Und den Markt hat ein guter Lektor auch im Blick: Gute Lektoren arbeiten eng mit dem Vertrieb des Verlages zusammen. Die Vertriebsleute bringen Bücher in Buchhandlungen unter und sind auch dafür maßgeblich, ob Ihr Buch beispielsweise gleich am Eingang liegt oder nicht. Darum nehmen Lektoren auch immer wieder an Vertretertagungen teil, bei denen die Vertriebler des Verlages die Feedbacks des Marktes abliefern. Kommt ein Buchtitel an? Wie wollen Buchhandlungen ein Buch platzieren? Welche Rückmeldungen haben die Buchhandlungen von Lesern? Alle diese Informationen sind Gold wert – und sie gehen Ihnen durch die Lappen, wenn Sie Ihr Buch im Eigenverlag herausbringen.

Vorsicht bei Bezahlverlagen

Weitere Vorteile sind natürlich, dass der Verlag sich um alles kümmert, von den Formalien wie ISBN und Barcode über die Listung im VLB bis hin zu den Pflichtexemplaren an die DNB und die Auslieferung. Auch das Marketing machen gute Verlage ordentlich – wobei Sie aber trotzdem auch selbst auf die Marketingtube drücken und alle Ihre Kanäle mit Ihrem neuen Buch bespielen sollten.

Verlag ist übrigens nicht gleich Verlag, und das zeigt sich vor allem beim Honorar. Ein klassischer Verlag bezahlt Ihnen einen Vorschuss auf Ihre Honorare und verrechnet in der Folge Ihre Honorare damit. Das heißt: Wenn Sie einen Vorschuss von 2000 Euro bekommen, ist das kein zusätzliches Honorar, sondern Sie bekommen in der Folge so lange kein Geld, bis der Verlag die Anzahl von Büchern verkauft hat, die für den 2001. Euro an Honorar nötig sind. Dann zahlt der Verlag Ihnen diese über die 2000 Euro hinausgehenden Beträge in aller Regel jährlich aus. Ist der Vorschuss noch nicht »aufgebraucht«, erhalten Sie auch eine Abrechnung, aber in dieser Abrechnung steht dann eben ein Minusbetrag. Dieser Minusbetrag reduziert sich von Jahr zu Jahr, sofern sich Bücher verkaufen.

Wenn Sie irgendwo in einer Verlagsanzeige lesen, dass man Autoren sucht und dass Sie den Traum von Ihrem Buch verwirklichen sollen, dann rate ich Ihnen zu Vorsicht. Hier geht es darum, dass Sie ein paar Tausend Euro hinlegen, damit der Verlag Ihr Buch druckt – und da ist dem Verlag die Qualität Ihres Buches in aller Regel egal. Das heißt: In sogenannten Bezahlverlagen erscheint der größte Mist. Die oben erwähnten Spinner finden dort genau die richtige Plattform, bei der sie auch die krudesten Thesen verbreiten können, ohne dass ihnen ein Lektor qualitativ reinreden würde. Oft geht es nur um Fehlerkorrektur, Umbrüche und fertig. Dass am Ende stapelweise Bücher auf dem Dachboden des Autors liegen und sich nicht verkaufen, interessiert den Bezahlverlag nicht – schließlich hat er sein Geschäft gemacht.

Mit »Bezahlverlag« meine ich allerdings nicht Dienstleister wie Tredition, die Ihnen helfen, Ihr Buch im Eigenverlag zu produzieren oder Ihr Buch unter dem Label »Tredition« herauszubringen. In beiden Fällen haben solche Anbieter ein Interesse daran, dass sich Ihr Buch verkauft. Bei Tredition merken Sie das schon am Geschäftsmodell: Entweder ich bezahle einmalig 149,90 Euro brutto, um mein Buch zu produzieren, oder ich erwerbe 35 Eigenexemplare. Meine 35 Eigenexemplare werde ich sowieso locker los, allein indem ich Medien und Partner informiere. Die 149,90 Euro oder der Verkauf von 35 Exemplaren sind nichts, womit ein Dienstleister reich würde. Der Punkt liegt im Buchverkauf – und da arbeitet Tredition mit spannenden Schlüsseln, nach denen sich die Einnahmen aufteilen. Tredition hat durchaus ein Interesse daran, dass Ihr Buch ein Erfolg wird. Dazu gleich mehr.

Was in den Vertrag rein sollte

Wenn Sie sich jedenfalls für einen klassischen Verlag entscheiden – also weder fürs Selfpublishing noch für einen Dienstleister –, habe ich für Sie wie angekündigt ein paar Punkte, die Sie aus meiner Sicht in Ihrem Buchvertrag berücksichtigen sollten:

- Der Verlag muss Sie um Erlaubnis bitten, wenn er Ihren Vertrag und Ihr Buch an einen anderen Verlag verkauft.

- Wenn der Verlag sich die Hörbuch- und E-Book-Rechte sichert, dann fügen Sie eine Klausel ein, wonach der Verlag bis zu einem bestimmten Datum (zum Beispiel ein Jahr nach Erscheinen des Buches) Hörbuch und E-Book produziert haben muss und wonach die Rechte für Hörbuch und E-Book andernfalls unentgeltlich an Sie zurückfallen.
- Der Verlag sollte Ihnen zusichern, dass Sie das PDF Ihres Buches unkompliziert und ohne Rücksprache an Medienleute und Partner schicken dürfen.
- Sie brauchen eine Bestsellerklausel für den Fall, dass Ihr Buch durch die Decke geht. Bei hohen Stückzahlen steigt der Gewinn, während die Ausgaben kaum weiter steigen. An diesem Effekt lässt ein freundlicher Verlag seine Autoren partizipieren.

Abschließend noch einmal: Wenn Sie Ihr Erstlingswerk veröffentlichen wollen, rate ich Ihnen am ehesten zu einem klassischen Verlag. Das dauert zwar meist länger als das Selfpublishing, aber Sie können sichergehen, dass Ihr Buch professionell wird. Dass sich ein Verlag nicht für Ihr Thema interessieren könnte, sollte übrigens niemals ein Grund fürs Selfpublishing sein. Denn wenn Sie etwas Spannendes zu sagen haben, dann findet sich auch ein Verlag. Keinen Verlag finden Sie, wenn Sie irrelevanten Unsinn schreiben.

Selfpublishing

Aus den vorigen Gedanken folgt übrigens etwas Spannendes: Selfpublishing sollte niemals eine Verlegenheitslösung sein. Selfpublishing sollte unbedingt einen Sinn haben. Deswegen sollte die Entscheidung fürs Selfpublishing ebenso gut durchdacht sein wie die Entscheidung für einen Verlag.

Das heißt auch: Selfpublishing ist nicht unbedingt das Mittel der Wahl, wenn andauernd Verlage Ihr Buchprojekt ablehnen. Es kann auch sein, dass Sie Ihr Buchkonzept überdenken sollten. Sicher lehnen Verlage auch gute Bücher ab, ohne Frage. Das berühmteste Beispiel dürfte »Pippi Langstrumpf« von Astrid Lindgren sein – auch dieses spätere Erfolgsbuch hatten mehrere Verlage abgelehnt.

Aber bitte schließen Sie daraus nicht, dass Verlage eben zu dumm seien, um exzellente Stoffe wie den Ihren zu erkennen. Verlage liegen hin und wieder mal falsch, aber unterm Strich sind die Begründungen von Ablehnungen fast immer sinnvoll. Lehnt also ein Verlag Ihr Buch ab, bitten Sie um ein Telefonat und fragen Sie ruhig nach dem Grund. Und akzeptieren Sie bei dem Telefonat alles, was Sie hören, es ist Lernstoff. Entsprechend sollten Sie sich fürs Selfpublishing wegen der Vorteile des Selfpublishings entscheiden – und nicht, weil Sie keinen Verlag finden. Im Zweifel sollten Sie auch beim Selfpublishing Ihr Buchkonzept so lange überarbeiten, bis es wirlich gut ist und reif für die Öffentlichkeit.

Neben dem Tempo ist ein elementarer Vorteil des Selfpublishings die Tatsache, dass Sie die Rechte an Ihrem

Buch behalten. Sie können mit Ihrem Buch machen, was Sie wollen. Sie können Ihr Buch, wie ich es mit »Komm zum Punkt!« mache, Seminar- und Vortragsteilnehmern kostenlos als PDF zur Verfügung stellen – damit verstoße ich übrigens gemäß dem Urteil 14 U 341/18 des Oberlandesgerichts Dresden auch nicht gegen die Buchpreisbindung. Selbstverständlich läuft der Download des PDFs über einen einfachen Download-Link: Niemand muss dazu seine E-Mail-Adresse angeben und erhält fortan Lawinen von E-Mails, und auch an andere Bedingungen ist der Download nicht geknüpft. Zum einen würde ich damit gegen das datenschutzrechtliche Kopplungsverbot verstoßen, über das wir beim Thema Marketing noch sprechen werden, aber zum anderen vertraue ich sowieso darauf, dass diese Form des Guerillamarketings ihren Zweck erfüllt. Nach wie vor läuft mein Seminar- und Vortragsgeschäft ganz klassisch über Empfehlungen.

Wenn Sie die Rechte an Ihrem Buch behalten, können Sie am Ende komplett unternehmerisch auftreten. Sie selbst sind der Verlag. Prinzipiell spricht auch nichts dagegen, dass Sie auch andere Autoren unter Ihr Verlagslabel nehmen. Sie können mit Ihren eigenen Titeln beginnen und Schritt für Schritt Ihr Sortiment vergrößern. Wenn Sie sich dabei professionell anstellen, sind Sie eben selbst irgendwann ein Verlag, bei dem Autoren ihre Exposés einreichen. Prinzipiell geht das – es ist nur die Frage, ob Sie das wollen.

Selfpublishing im Eigenverlag bedeutet dann aber eben auch, dass Sie sämtliche Aufgaben übernehmen, die Ihnen ansonsten ein Verlag abnehmen würde. Immer wieder wundern sich Laien, wenn ein Autor »nur« 8 oder 12 Prozent vom Nettoverkaufspreis bekommt. Aber der Verlag übernimmt eben jede Menge Zusatzaufgaben, die den Erfolg des Buches erst bewirken, und der Autor hat damit so gut wie nichts zu tun. Und um die zahlreichen Aufgaben eines Verlages darzustellen, habe ich Ihnen ja die einzelnen Produktionsschritte gezeigt – alles das müssen Sie leisten, wenn Sie komplett als Eigenverlag auftreten. Wobei wir das Buchmarketing, das gute Verlage leisten, noch gar nicht berücksichtigt haben.

Unternehmerische Freiheit als Selfpublisher

Aber wenn Sie sich fürs Selfpublishing entscheiden, sind Sie eben auch unternehmerisch völlig frei. Sie dürfen Vereinbarungen mit Vertriebspartnern schließen, wie Sie wollen; Sie dürfen das Buch in Fremdsprachen übersetzen und im Ausland rausbringen, Sie dürfen Lizenzen dafür verkaufen, Sie dürfen ein Hörbuch dazu machen, einen Onlinekurs zum Thema – und, und, und. Der Fantasie sind so gut wie keine Grenzen gesetzt.

Zudem sind die Zeiten vorbei, in denen Sie per Offset-Druck Tausende von Exemplaren drucken mussten, damit sich der Druck überhaupt lohnt. Der Digitaldruck ist eine digitale Revolution sondergleichen, er lohnt sich schon bei geringsten Auflagen. Darum ist das Selfpublishing heute auch so einfach, es ist für Privatleute schlicht erschwinglich. Und

Sie haben nun als Autorin oder Autor mit Selbstverlag nicht mehr unbedingt Tausende von Exemplaren im Keller liegen.

Die Kehrseite der Medaille ist dabei, dass Bücher nach Bedarf (»books on demand«) eben eine Zeitlang brauchen, bis sie gedruckt sind. Beim herkömmlichen Buchhandel liegen riesige Bestände bei den Barsortimentern und Auslieferern, zum Beispiel im Logistikzentrum von Libri in Bad Hersfeld, strategisch bestens gelegen in der Mitte Deutschlands. Diese Bücher kommen problemlos am Tag nach der Bestellung bei Amazon zum Kunden nach Flensburg, Chemnitz, Freiburg oder Saarbrücken. Aber bestellen Sie bei Amazon ein Buch, das erst noch gedruckt werden muss, dann ist dieses Buch am nächsten Tag eben noch nicht da, sondern mitunter erst nach zehn bis 14 Werktagen.

Reich werden mit Selfpublishing

Dass bei geringeren Auflagen die Kosten sinken, merken auch herkömmliche Verlage, sodass Sie Ihr Buch inzwischen auch im Quasi-Selfpublishing veröffentlichen können – ich schreibe »quasi«, weil letztlich doch ein klassischer Verlag dahinter steht, beispielsweise bei Neobooks, das zu Beginn eine Selfpublishing-Plattform von Droemer Knaur war und seit 2016 zu Holtzbrinck gehört.[27]

Auf eine Sendung im Deutschlandfunk Kultur will ich Sie noch hinweisen – sie ist zwar von 2015 und daher nicht

---

[27] https://www.neobooks.com/

mehr unbedingt aktuell, aber einen schönen Einblick in die Möglichkeiten des Selfpublishings bekommen Sie dort. Der Beitrag von Ralph Gerstenberg heißt »Kein Verlag? Do it yourself!« und ist als Podcast und als PDF verfügbar.[28]

In dem Beitrag ist die Rede von Autoren, die von ihren Büchern leben: »So viel Geld wie als Selfpublisher habe ich noch nie in meinem Leben verdient«, sagt etwa die Autorin Nika Lubitsch.[29] Sie hat eine Million Bücher verkauft. Besuchen Sie die Dame mal auf Amazon und lesen Sie in Ihre Bücher rein, zum Beispiel in den Psychothriller »Haus Nummer 13«. Da erfahren Sie, wie fiktionale Stoffe funktionieren, die rein durch virales Marketing erfolgreich werden.

Im Prinzip kann auch Ihnen so ein Erfolg gelingen: Sie müssen mit Ihrem Buch oder mit Ihren Büchern einfach nur genügend Leute finden, die sich dafür begeistern und die die Links zum Buch teilen. Nimmt so eine Erfolgswelle eine Eigendynamik auf und haben Sie die Auslieferung in Profihände gegeben, haben Sie eine Gelddruckmaschine. Und Sie werden eben froh sein, dass Sie Ihr Buch nicht in einem Verlag untergebracht haben. Wobei wir hier immer noch von Büchern reden, also von haptischem Material, das per Bahn, Lkw und Lieferwagen durchs Land gekarrt wird.

Der wirklich ultimative Hack sind digitale Bücher und deren Verbreitung über das Internet. Die Multiplikation von

---

28 https://www.deutschlandfunkkultur.de/selfpublishing-kein-verlag-do-it-yourself.976.de.html?dram:article_id=333660

29 https://de.wikipedia.org/wiki/Nika_Lubitsch

Inhalten und auch deren beliebige Skalierung beispielsweise bei E-Books ermöglicht theoretisch beliebige Geldeinnahmen. Stellen Sie sich einfach vor, Sie publizieren einen Ratgeber, den möglichst viele Menschen brauchen und der richtig gut ist. Jeder einzelne Käufer bezahlt für Ihr E-Book 9,90 Euro. Pro Monat kaufen 1000 Menschen Ihr E-Book. Damit haben Sie Bruttoeinnahmen von 9900 Euro im Monat, und das, ohne dass Sie dafür irgendeinen Aufwand betreiben müssten. Sie richten Ihre digitale Maschine lediglich einmal ein, und dann läuft sie.

Und weil die Leute sich für Ihre Themen interessieren, bringen Sie das nächste Buch als E-Book raus, und alle bisherigen Kunden kaufen auch dieses Buch. Vielleicht erfahren die Leute über einen Newsletter von Ihrem neuen Buch, und so kaufen möglicherweise auf einen Schlag 10.000 Menschen Ihr neues E-Book, ebenfalls zum Preis von 9,90 Euro, und auf Ihrem Paypalkonto landen innerhalb weniger Tage 99.000 Euro. Alles das ist möglich, aber eben eher beim Selfpublishing als bei klassischen Verlagsveröffentlichungen. Das Thema Skalierbarkeit ist bei digitalen Produkten besonders interessant, und das können Sie selber steuern.

Die wichtigste Voraussetzung für einen solchen Erfolg aber ist Sichtbarkeit; es geht also wieder ums Marketing. Wenn niemand Ihr Buch kennt, verkauft es sich nicht, auch wenn es noch so gut ist. Der Punkt ist also, dass Sie eine entsprechende Reichweite herstellen, durch die sich Ihr Buch viral multiplizieren kann.

Buch-Dienstleister

Eine Kombination aus den Veröffentlichungsformen »Verlag« und »Selfpublishing« bieten Dienstleister wie Tredition.[30] Ich erwähne Tredition deswegen so häufig, weil ich mit Tredition immer wieder arbeite und mit der Arbeit sehr zufrieden bin. Ich erhalte von Tredition kein Geld oder andere Vorteile dafür, dass ich Tredition in diesem Buch empfehle. Ich empfehle Tredition auch bei Veranstaltungen und in Gesprächen.

Beispiel Tredition

Da Tredition natürlich den Digitaldruck nutzt und keine riesigen Auflagen druckt, ist der Nachteil klar: Die Lieferzeiten sind länger als bei klassischen Verlagen, deren Exemplare schon gedruckt sind. Das war es dann aber auch schon mit den Nachteilen, jedenfalls meiner Erfahrung nach. Der Nachteil ist aber auch nichts Besonderes, er ist beim Selfpublishing ohnehin die Regel, wenn es um Bücher aus Papier geht. Solange wir auf eine Druckerei warten müssen, geht eben Zeit ins Land.

Ein großer Vorteil von Tredition ist, beispielsweise gegenüber Amazon, dass das Unternehmen in Deutschland sitzt. Sie haben konkrete, greifbare Ansprechpartner, die re-

---

30 https://tredition.de/

ale Namen haben. Da gibt es keinen Automatisierungsterror, in dessen Folge Sie wirre und widersprüchliche E-Mails bekommen, wie das bei zahlreichen Unternehmen üblich ist, die voll auf Automatisierung setzen. Solcherlei autistisches Verhalten anonymer Unternehmen finden Sie bei Tredition nicht, dort begegnen Sie echten Menschen.

Wichtig ist, die beiden grundlegend unterschiedlichen Zugänge bei Tredition zu verstehen, die sich in zwei verschiedenen Formen von Benutzerkonten widerspiegeln:

- Der Zugang über den »Login für Autoren und Kunden« ist für Autoren, deren Bücher am Ende mit dem Label von Tredition gekennzeichnet sind. Da steht dann also nicht der Name Ihres Eigenverlages, sondern da steht »Tredition«. Also ist Tredition der Verlag. Außerdem loggen sich Kunden hier ein, die über den Webshop Bücher bestellen.
- Der Zugang über den »Login Verlage (your-Books)« ist für Verlage, die Tredition nur als Hersteller nutzen und ansonsten mit ihrer eigenen Firmierung auf den Markt gehen. Der Zugang ist also für Autoren, die beim Selfpublishing Wert auf eine eigene Verlagsmarke legen. Hier ist Tredition nicht der Verlag.

Ein dritter Zugang führt zur »Anmeldung für Experten«, also für Lektoren, Illustratoren und Übersetzer. Uns interessieren hier erst einmal nur die ersten beiden Zugänge – also für Autoren und Verlage.

Auch wenn Sie mit einem Selfpublishing-Dienstleister wie Tredition arbeiten, sollten Sie vorher genau überlegen, welche Form der Zusammenarbeit Sie wählen. Die Entscheidung, ob Sie sich bei Tredition als Autor oder als Verlag eintragen, spielt in unglaublich viele detaillierte Belange hinein. Zum Beispiel organisiert Tredition Ihnen die ISBN und den Barcode für Ihr Buch, wenn Sie sich als Autor registrieren – nicht aber, wenn Sie sich als Verlag registrieren. Das ist auch logisch, weil jede ISBN eine Verlagskennung enthält. Sind Sie bei Tredition als Verlag eingetragen, kann Ihnen Tredition gar keine ISBN liefern, weil nur Sie die ISBN für Ihren Verlag kaufen dürfen. Erscheint Ihr Buch im Verlag Tredition, ziert natürlich eine ISBN mit der Verlagskennung von Tredition Ihr Buch.

Auslieferung komplett, Marketing nur für Autoren

Und auch das Verzeichnis lieferbarer Bücher (VLB) bedienen Sie als Verlag selbst – dort können Sie sich ein Konto anlegen und Ihre Bücher verwalten. Für Sie als Autor übernimmt den Job Tredition. Auch wenn Sie ein Verlag sind, kann Tredition das für Sie übernehmen, das kostet dann 80 Euro (Stand März 2020). Aber erst einmal übernimmt Tredition keine Verlagsaufgaben, wenn Tredition nicht der Verlag Ihres Buches und damit der Absender ist.

Das betrifft auch die Pflichtexemplare für die Deutsche Nationalbibliothek (DNB) und andere Bibliotheken: Ist Tredition der Verlag – und Sie sind der Autor –, dann schickt

Tredition die beiden Pflichtexemplare an die jeweiligen Bibliotheken, weil das nun einmal die Aufgabe des Verlages ist. Sind Sie aber der Verlag, ist das Ihr Job.

Anders ist es bei der Auslieferung: Die übernimmt Tredition für Autoren und auch für Verlage. Sie brauchen also weder Libri noch einen anderen Anbieter, der für Sie den Weg von der Druckerei zum Kunden übernimmt. Die Auslieferung beinhaltet standardgemäß die Auslieferung des Buches als Hardcover, Paperback und E-Book, und Letzteres in allen Formaten inklusive Kindle.

Beim Marketing wiederum lohnt es sich eher, Tredition als Verlag zu wählen: Dann kommen Sie in den Genuss der Kataloge und der umfangreichen Marketingkommunikation von Tredition, während Sie als Verlag von Tredition kein Marketing erhalten. Und auch das ist logisch: Wenn Sie mit Ihrer Verlagsmarke der Absender sind, kann Tredition nicht mit seinem Label unter Ihrem Namen Marketing machen. Das käme auf dem Markt nicht nur seltsam an, sondern vor allem sind Marketingaktivitäten für Ihren Verlag Ihre ureigene Aufgabe – und würde Tredition sich da einmischen, hätten Sie Koordinations- und Abspracheaufgaben ohne Ende. Damit wären weder Sie glücklich, noch wäre es Tredition. Falls Sie Ihr Marketing nicht selbst schultern wollen, ist in meinen Augen eine Agentur zu empfehlen.

Auch die Sache mit den Bibliotheken, die für die VG Wort relevant ist, regelt Tredition für Autoren besser als für Verlage – was ebenfalls klar ist, weil das Marketing ja nun einmal Verlagsaufgabe ist.

Der Preisrechner

Über den Preisrechner bei Tredition hatten wir ja schon gesprochen – im Zusammenhang mit der Frage, welchen Einfluss Farbseiten auf den Preis haben und im Zusammenhang mit der Frage, wie viel Ihr Buch angesichts seines Umfangs mindestens kosten soll. Lassen Sie uns den Preisrechner jetzt noch einmal unter dem Gesichtspunkt anschauen, wie viel Geld Sie durch Verkäufe Ihrer Bücher bei Tredition verdienen.[31]

Ich gebe mal die Daten für »Schluss mit förmlich!« ein. »Schluss mit förmlich!« hat ungefähr 200 Seiten, davon ist keine Seite farbig, und es erscheint im Format DIN A5. Bei den Preisen habe ich qua meines Amtes als Verleger drei klassische Preise festgelegt: 19,90 Euro fürs Hardcover, 11,90 Euro fürs Paperback und 5,90 Euro fürs E-Book. Mit diesen Daten spuckt der Preisrechner spannende Zahlen aus: Kauft jemand das Hardcover im Handel, erhalte ich 1,67 Euro netto pro Buch. Kauft der Kunde das Hardcover direkt bei Tredition, erhalte ich 5,02 Euro pro Buch. Beim Paperback erhalte ich je Exemplar 1,52 Euro im Handel und 2,64 Euro beim Direktkauf. Vom E-Book, dessen Auslieferung im Grunde keine Kosten erzeugt, bleiben für mich 2,20 Euro beim Kauf im Handel und 4,13 Euro beim Kauf über Tredition.

---

[31] Alle Angaben dazu beziehen sich auf März 2020.

Natürlich können Sie jetzt darüber meckern, dass Tredition vom E-Book im Handel 3,70 Euro behält. Aber was soll's? Dafür ist der Service bei Tredition entsprechend professionell. Habe ich eine Frage, rufe ich dort an und erhalte sofort eine kompetente Antwort.

Das nächste spannende Ergebnis der Kalkulation mit dem Preisrechner sind die Preise für Eigenexemplare. Kaufe ich meine Bücher selbst ein, beispielsweise um sie an Seminarteilnehmer weiterzuverkaufen, bezahle ich je nach Menge 7,76 Euro brutto fürs Paperback bei mehr als 300 Exemplaren oder auch 10,53 Euro für bis zu zehn Exemplare. Ich kann die Bücher also mit einer Marge von 1,37 bis 4,14 Euro brutto pro Buch weiterverkaufen. Nehmen wir an, ich kaufe 100 Paperbacks ein, dann kostet mich das 8,87 Euro brutto pro Buch. Verkaufe ich diese 100 Exemplare, dann nehme ich damit 1190 Euro brutto ein. Der Gewinn beträgt also 303 Euro brutto; abzüglich der Mehrwertsteuer bleiben für mich netto 283,18 Euro. Deutlich höher sind die Erträge bei Buchpreisen wie 14,90 Euro oder 17,90 Euro fürs Paperback; probieren Sie mit dem Preisrechner einfach mal herum. Die Frage dabei sicher auch ist, ab welcher Menge es sich für Sie lohnt, Bücherkisten zu Veranstaltungen zu tragen. Aber das müssen Sie eben für sich durchrechnen.

Welcher Zugang ist der richtige?

Zusammengefasst lässt sich sagen: Die Kooperation mit Tredition erscheint mit einem Konto als Autor attraktiver als mit einem Konto als Verlag. Die Präsenz, die Tredition für die Tredition-Autoren herstellt, ist sicher ein Vorteil. Dem steht entgegen, wenn Sie sich nicht nur als Autor positionieren wollen, sondern auch als Verlag. Dann ist Tredition ein toller Dienstleister, der für Sie jede Menge Verlagsaufgaben übernimmt, aber Tredition hält sich eben beim Marketing raus. Auch die Kosten für ISBN bleiben an Ihnen hängen – diese Kosten haben Sie nicht, wenn Sie Tredition-Autor sind.

In beiden Fällen – also als Tredition-Autor oder als Verlag, ist die Investition zu machen, und alle Zahlen hängen von der verkauften Menge ab. Sie können Ihr Buch anhand meiner vielen Tipps aus diesem Buch schreiben und formatieren, und dann können Sie es für 149,90 Euro brutto bei Tredition auf den Markt bringen, inklusive E-Book und Listung bei Amazon. Das finde ich in Ordnung. Noch vor wenigen Jahren wäre Ihre einzige Chance gewesen, mit einer Druckerei zu vereinbaren, ob Sie 1000, 2000, 5000 oder 10.000 Bücher drucken, die dann Ihren Keller verstopfen.

Und gerade weil das Selfpublishing so erschwinglich geworden ist, lege ich umso mehr Wert auf die Qualität. Es ist wichtig, dass Ihr Buch ordentlich aussieht und gut zu lesen ist, vom Design der Überschriften bis zur Wortwahl. Viele Dinge sind leichter geworden durch die Digitalisierung, beispielsweise die Fotografie. Aber nur, weil wir alle jetzt mit unseren iPhones Fotos machen können, sind wir keine guten Fotografen. Und ebenso ist auch das Schreiben nach wie vor zumindest ein Handwerk, wenn nicht sogar eine Kunst. Das sollten die Leute etwas mehr würdigen.

Weitere Formate

Über E-Book-Formate, die technische Verarbeitung von Text für die digitale Verbreitung und über Ihr persönliches Hörbuchstudio

Die klassischen Formate bei einem Buch sind Hardcover und Paperback. Das Hardcover gilt als »wertiger«, weil es durch seine teurere Machart auch eher einen Pflock in die Erde der Positionierungen rammt als ein Paperback. Für eine Positionierung tut es für meine Begriffe auch ein Paperback, wenn es gut gemacht ist und eine gewisse Stärke hat, aber das Hardcover dominiert dennoch als Imagefaktor.

Tredition übrigens produziert standardisiert beides – und dazu noch das E-Book. Es gibt meines Wissens keine Möglichkeit, das Hardcover oder das Paperback auszuschließen. Was aber für meine Begriffe auch nichts macht, denn so kann jeder das Buch bestellen, das ihm gefällt. Wobei ein Hardcover bei einem 80-Seiten-Buch schon übertrieben wirkt. Am Ende ist das Geschmackssache, und man muss so ein dünnes Hardcover ja nicht bewerben.

Weitere Formate aber sind auch wichtig, und da gibt es vor allem das E-Book und das Hörbuch. Beide lassen sich ohne Materialaufwand produzieren und sind damit beliebig skalierbar, um für ein passives Einkommen zu sorgen – also für ein Einkommen, für das man nahezu nichts tun muss.

Ihr Buch als E-Book

Ein E-Book ist ein Buch, das sich ohne Papier auf einem Bildschirm lesen lässt – ob das der Bildschirm eines iPads ist oder der eines Kindle. Der Punkt ist das Digitale: Am Ende ist ein E-Book eine Datei. Und Dateien haben Formate. Also müssen Sie Ihr Buch in ein bestimmtes Dateiformat umwandeln, wenn Sie es als E-Book veröffentlichen wollen.

EPUB und PDF

Das gängigste Dateiformat für E-Books ist der Standard EPUB – das ist die Abkürzung für »electronic publication«. In diesem Format funktioniert Ihr Buch beim Kindle und auch bei den meisten anderen Formen von E-Book. EPUB ist deshalb interessant, weil es keine Oberfläche zu einem Layout zwingt, sondern nur möglichst einfach die Zeichenfolge des Buches bereitstellt. Je nachdem, auf welchem Gerät Sie dann ein E-Book lesen, passt sich die Laufweite des Textes dann an die Seitenränder an. Entsprechend sind die Zeilenumbrüche – und auch die Seitenumbrüche – beim E-Book anders als im Buch oder auch im PDF Ihres Buches.

Das PDF beinhaltet ein Format wie das Buch auch: Da ein PDF technisch nur ein virtuell gedrucktes Dokument ist (die Druckseite wird als Seite auf einem Bildschirm wiedergegeben), hält es sich in aller Regel an Ihre Formatierungen. Jedenfalls tut es das, solange es keine Probleme mit den Schriftarten gibt, etwa weil eine Schrift nicht eingebettet ist.

Greift ein PDF-Reader auf eine andere Schrift zurück, weil er Ihre Schrift im Buch-PDF nicht kennt, verändern sich natürlich die Laufweite und damit die Umbrüche.

Ein PDF sollte sich in jedem PDF-Reader gleich darstellen, ob es sich dabei um den Acrobat Reader oder um die Vorschau beim Mac handelt. Eine EPUB-Datei ist dagegen eher als Zeichenfolge zu verstehen, die erst durch das Programm zum »Dokument« wird. Ein EPUB visualisiert sich also nicht durch sich selbst, sondern durch das Programm, mit dem wir es öffnen – zum Beispiel mit iBooks.

Um noch eine weitere Analogie zu bemühen: Das PDF entspricht eher dem Fax, das eine gestaltete Seite mit Inhalten anzeigt. Das EPUB entspricht eher dem Telex, bei dem nur Zeichenfolgen erscheinen. Oder dem Teletext im Fernsehen oder einem Telegramm. Während das PDF eine Art Bild ist, mit Gestalt, Anordnung und Rändern, ist das EPUB eine Art Morsecode und besteht nur aus Zeichenfolgen.

Für Sie als Autorin und Autor ist es wichtig, dass Sie vor allem das EPUB bereitstellen, denn das ist die meistgenutzte Form eines E-Books. Ergänzend können Sie Ihr Buch auch noch als PDF bereitstellen. Das ist vor allem dann wichtig, wenn das Layout Ihres Buches eine gewisse Rolle spielt. Je mehr Sie mit Grafiken und Tabellen arbeiten und mit anderen Elementen, die sich in einem E-Book kaum darstellen lassen, desto wichtiger ist Ihr E-Book im PDF-Format. Besteht Ihr Buch aber nur aus Text, wie beispielsweise ein Thriller, dann sollte das E-Book unter EPUB genügen.

Was ist mit Silbentrennungen?

Wichtig ist jetzt, dass Sie Ihr E-Book richtig formatieren. Das klingt merkwürdig, weil eine Datei im EPUB-Standard ja eben keine Formatierungen hat außer Absätzen, verschiedenen Schriftgrößen für Headlines und eventuell manchen gefetteten Texten. Betroffen sind hier vor allem die Silbentrennungen.

Natürlich sind meine Silbentrennungen keine harten Trennstriche, sondern die bereits erwähnten weichen oder bedingten Trennstriche. Diese Trennstriche sind nur sichtbar, wenn sie am Zeilenende stehen. Tippe ich ein Wort dazwischen, kann das getrennte Wort in die Zeilenmitte rutschen, und dann ist der bedingte Trennstrich nicht mehr zu sehen – er ist aber noch da, erkennbar dann, wenn Sie die Absatzformatierungen sichtbar machen, beispielsweise in Word durch den Button mit dem Absatzzeichen.

Beim PDF brauchen Sie diese Silbentrennungen wie in einem Buch aus Papier – das Layout ist ja das gleiche. Also brechen die Zeilen auch gleich um. Beim EPUB können die Silbentrennungen stören, und darum würde ich sie rausnehmen. Mit Stand März 2020 unterstützt beispielsweise das Kindle die weichen Trennstriche nicht voll; Kindle 3 zeigt weiche Trennstriche als harte an. So wird ein vielleicht schönes Buch für viele Leute unlesbar. Sony PRS-600 stellt den weichen Trennstrich als unbekanntes Zeichen dar.

Die bedingten Trennstriche können Sie fürs EPUB auf zweierlei Weise rausnehmen: Entweder Sie schreiben Ihr

Manuskript von Anfang an ohne Silbentrennungen – dann wird es Ihnen aber nicht gelingen, gleich ins Druck-Layout hineinzuschreiben, wie ich es Ihnen zuvor empfohlen habe. Am Ende hätten Sie dann aber natürlich ein Dokument, das aus einer reinen Zeichenfolge ohne Silbentrennungen besteht und sich simpel als EPUB exportieren lässt.

Oder aber Sie schreiben Ihren Text wie gehabt, nehmen sich also beispielsweise ein DIN-A5-Format vor wie hier, und achten bei jeder Zeile darauf, dass sie schön umbricht. Wenn Sie fertig sind mit Ihrem Manuskript, duplizieren Sie die Datei und erklären eine zum E-Book. Aus diesem Dokument entfernen Sie dann sämtliche Silbentrennungen.

Bevor Sie das Zeichen für Zeichen machen, schauen wir nach einer Möglichkeit, alle bedingten Trennstriche auf einmal zu löschen. Der immer wieder zu lesende Tipp, den jeweiligen Absatz zu markieren und in den Absatzoptionen unter »Zeilen- und Seitenumbrüche« das Häkchen bei »Keine Silbentrennung« zu setzen, genügt leider nicht.

Die Lösung ist, jedenfalls in meinem Word 15.41 für Mac: Gehen Sie unter »Bearbeiten« auf »Suchen« und öffnen Sie dann »Erweitertes Suchen und Ersetzen« Dort wählen Sie erst den Reiter »Ersetzen« aus. Dann klicken Sie unter »Suchen« die Option »Format« an, und daneben wählen Sie statt »Spezialeffekt« den Eintrag »Bedingter Trennstrich« aus. Die Zeile »Ersetzen durch« lassen Sie leer, damit das Programm die bedingten Trennstriche durch nichts ersetzt. Schließlich klicken Sie auf »Alle ersetzen«, und die bedingten Trennstriche sind weg. Gerettet haben Sie alle harten

Bindestriche, also in Bezeichnungen wie »E-Book«.

A propos E-Book: Bitte denken Sie an die Schreibweise. Das »E-Book« schreibt sich wie »S-Bahn«, also mit einem großen »E« und einem großen »B«. Bitte schreiben Sie nicht »eBook«. »eBook« ist ein E-Book-Reader, also ein Markenname. Die Buchgattung »elektronisches Buch« heißt »E-Book«. Im Deutschen schreiben sich englische Substantive nach wie vor groß, wie beispielsweise das Wort »Computer«. Und Großbuchstaben mitten im Wort gibt es nur bei Markennamen und in ideologischen Texten. Sprachlich sind sie falsch.

Also: Ich schreibe meine Buchtexte zuerst ins Druck-Layout. Dann weiß ich, dass das Buch gut aussieht und die Zeilen schön umbrechen. Würde ich zuerst einen Rohtext schreiben, den ich dann einmal als EPUB exportiere und dann noch in ein Druck-Layout einfließen lasse, dann funktioniert das zwar beim E-Book wunderbar, aber das Layout meines Buches ist voller hässlicher Umbrüche. Um am Ende zwei identische Texte zu haben – bis auf Ausnahmen, dazu kommen wir gleich –, ist es für meine Begriffe klüger, sich gleich beim Schreiben schon ums Layout zu kümmern.

Was ist mit Hyperlinks?

Kommen wir jetzt zu den Unterschieden zwischen dem gedruckten Buch und den E-Book-Versionen EPUB und PDF, was die Texte selbst angeht, also die Inhalte. Was ist zum Beispiel mit Hyperlinks?

Hier ist die Antwort einfach: URLs sollten erkennbar sein, wenn sie funktionieren. Das heißt: Im gedruckten Buch deformatiere ich URLs, weil niemand mit einem Cursor auf den Link in einem gedruckten Buch klickt. Technisch funktionieren die URLs im Word-Manuskript und im Druck-PDF, aber ich entferne eben das Blau und die Unterstreichung. Bitte halten Sie das genauso: Diese blauen unterstrichenen Texte sehen billig aus und erinnern den Leser daran, dass er ein selbst gebasteltes Buch vor sich hat. Fürs PDF ist die Unterstreichung in Ordnung. Aber beim Buch geht es um ein wertiges Erscheinungsbild, wenn Sie dafür 14,90 Euro haben wollen. Da darf gar nichts billig wirken.

Im PDF lasse ich die technische Funktion der URLs natürlich drin. Denn aus dem PDF heraus klicken sich viele Leute ins Internet weiter, und das ist auch völlig in Ordnung. Auch beim EPUB-Format lasse ich die Links stehen – ich entferne sie allerdings aus den Fußnoten und stelle sie stattdessen in Klammern in den Text. Dazu gleich mehr.

Dazu habe ich übrigens noch einen Trick: Es gibt URLs, die sind so blöd aufgebaut, dass sie nicht richtig umbrechen. Der Zeilenumbruch, beispielsweise in einer Fußnote, klappt nicht richtig und sieht auch nicht gut aus. Falls ein URL nicht ordentlich umbricht, setzen Sie einfach ein Leerzeichen in den URL, durch das der URL dann umbricht. Das klappt wunderbar, denn Sie verändern ja nicht den in der Funktion »Link« hinterlegten URL, sondern nur den sichtbaren Text. Wer den URL abtippt, weil er vielleicht das Buch vor sich hat, sieht am Ende der ersten Zeile kein Leerzeichen und tippt den URL folgerichtig korrekt ein. Beim Klick auf den Link im PDF oder im E-Book klappt der Verweis technisch trotzdem tadellos, denn der Rechner interessiert sich ja nicht für den sichtbaren Text, sondern für den URL, der unter der Funktion »Link« abgelegten URL. Wie der sichtbare Text heißt, ist technisch völlig egal.

Was ist mit Fußnoten?

E-Book-Reader stolpern hin und wieder auch über Fußnoten. Also empfehle ich Ihnen, Ihre Fußnoten in der EPUB-Version Ihres Buches aufzulösen und die jeweiligen Anmerkungen stattdessen im Text zu bringen, am besten in Klammern. Haben Sie URLs in Fußnoten, rutschen diese URLs also in den Fließtext. Das sieht vielleicht nicht schön aus, aber es ist eben möglichst praktikabel und anwendbar.

Was ist mit Seitenverweisen?

Seitenverweise behandeln Sie wie Fußnoten: Im PDF sind sie sinnvoll, weil das PDF die gleichen Seitenzahlen hat wie Ihr gedrucktes Buch. Seitenverweise (»siehe Seite 123«) funktionieren eben nur dann, wenn es Seitenzahlen gibt und wenn der Leser auf der jeweiligen Seite auch tatsächlich fündig wird. Nichts ist ärgerlicher als eine Schnitzeljagd, bei der der Leser sich in die Irre geführt fühlt.

Vielleicht fällt Ihnen auf, dass ich in diesem Buch hier keine Seitenverweise verwende. Seitenverweise sind Luxus.

Ich schreibe zwar immer wieder, dass wir zu einem bestimmten Thema »später noch« kommen werden, und da könnte ich einen Seitenverweis setzen. Aber ganz ehrlich: Wenn Sie im Text springen wollen, gelingt Ihnen das auch anhand meines Inhaltsverzeichnisses vorne im Buch. Seitenverweise sind also eine Art Komfort, und auf den habe ich hier verzichtet.

Seitenverweise sind auch extrem fehleranfällig, wenn man sie manuell einrichtet: Am Ende Ihrer Arbeit, kurz bevor das ins Druck-Layout geschriebene Buch zum Korrektor geht, müssen Sie alle Seitenzahlen prüfen – und nach dem Korrektorat noch mal. Und dann müssen Sie eben fürs E-Book im EPUB-Format die Seitenzahlen löschen. Systematisch verwalten können Sie Seitenverweise in Word im Menü »Einfügen« unter »Querverweis«.

Hinzu kommt die Leserführung: Wenn Seitenverweise nötig sind – weil der Leser sich beispielsweise durch Ihr Inhaltsverzeichnis nicht ausreichend orientieren kann –, dann fehlen diese Seitenverweise im E-Book. Und das wäre doof, denn der Leser will ja auch beim E-Book Orientierung. Sie bräuchten dann eine Alternative, was sicherlich machbar ist, also Links, die den Leser an die entsprechende Stelle springen lassen. Aber auch das bedeutet Mehrarbeit.

Kurz noch ein Takt zum Register, also zum Personen- und Sachwortverzeichnis: Das können Sie natürlich gerne anlegen und mit Seitenzahlen versehen – jedenfalls fürs gedruckte Buch und fürs PDF, dort auch gerne verlinkt. Beim EPUB sollten Sie die Seitenzahlen löschen und schauen, dass das E-Book die Fundstellen auf einen Klick hin anzeigt. Sollten Sie Ihre Register aber in der E-Book-Version komplett löschen, wird sie vermutlich niemand vermissen, der nicht auch das gedruckte Buch kennt.

Erstlingswerk als E-Book?

Bevor wir gleich zum Hörbuch kommen, noch ein wichtiger Punkt: Ein reines E-Book – also ohne eine parallele Ausgabe als Hardcover oder Paperback – eignet sich für eine Expertenpositionierung so gut wie nie. Wichtig ist im Business die Haptik, Sie sollten Ihr Buch verschicken können. Höchstens in irgendwelchen IT-Nischen mit einer puren Nerd-Zielgruppe eignen sich reine E-Books vielleicht als Erstlingswerke – ebenso wie in der Belletristik. Wenn Sie ein reines Privatpublikum haben, das seine Thriller und Fantasyromane nur am Kindle liest, könnte der alleinige Fokus auf ein E-Book funktionieren. Im Business ist das eher schwierig.

Ihr Buch als Hörbuch

Schön ist es in vielen Fällen auch, wenn es Ihr Buch als Hörbuch gibt. Ideal sind Hörbücher für fiktionale Formate, also zum Beispiel für Thriller. Verwechseln Sie allerdings bitte nicht Hörbücher mit Hörspielen: Beim Hörbuch liest jemand eine Hörbuchfassung des Buches vor, beim Hörspiel läuft ein dramaturgisches Stück mit verteilten Rollen und meist auch Geräuschen.

Wie, Hörbuchfassung? Ja, Hörbuchfassung. Für Ihr Hörbuch brauchen Sie einen überarbeiteten Text. Denn vieles, was in einem Buch steht, wirkt vorgelesen zu langatmig. Menschen lesen viel schneller, als sie hören. Deswegen sind Nachrichtenvideos nichts für mich: Wenn ich auf einer News-Seite die Wahl zwischen einem Text und einem Video habe, wähle ich immer den Text. Denn den Text kann ich überfliegen und die wichtigsten Punkte scannen, ein Video aber muss ich laufen lassen. In der Folge erfasse ich in einem Text einen Zusammenhang schneller als in einem Video.

Weil Menschen schneller lesen, als sie hören, sind Hörbuchfassungen gekürzte Buchfassungen. Wenn Sie Ihr Buch in einem Verlag herausbringen und der Verlag Ihnen zusagt, ein Hörbuch zu veröffentlichen, dann bleibt die redaktionelle Arbeit mit der Hörbuchfassung am Verlag hängen. Veröffentlichen Sie Ihr Buch im Eigenverlag, ist die Hörbuchfassung natürlich Ihr Job. Und ich darf Ihnen versichern: Eine Hörbuchfassung zu erstellen bedeutet am Ende, das gesamte Buch zu überarbeiten. Es kostet viel Zeit.

Wer liest?

Die nächste Frage beim Hörbuch ist: Wer liest? Für Ihre Hörer ist es natürlich am spannendsten, wenn sie Ihre Stimme hören. Aber bitte seien Sie ganz ehrlich zu sich selbst: Können Sie sprechen? Also im Sinne eines Sprechers oder einer Sprecherin? Ich will Sie warnen: Wenn jemand keine Ahnung vom aktiven Sprechen hat, dann klingt die Stimme des Autors schnell wie eine Durchsage bei Kaufland. Wenn Laien versuchen, offiziell zu sein, haben wir es ruckzuck mit Bauerntheater zu tun, und das wäre für Ihr Hörbuch fatal. Lieber kein Hörbuch als ein schlecht gesprochenes.

Also: Entweder können Sie sprechen oder Sie suchen sich eine Sprecherin oder einen Sprecher. Oder beides: Die weibliche Stimme liest den Fließtext, die männliche Stimme die Überschriften. Oder, falls Sie im Buch mit Textkästen arbeiten, liest der Mann dann eben auch noch die Exkurse. Gute Sprecher finden Sie – wenn Sie keine kennen – sehr einfach übers Internet, beispielsweise bei Boldago.[32]

Natürlich kostet das Geld, aber Sie wollen ja auch ein professionelles Hörbuch. Sprechen ist ein ebenso schätzenswertes Handwerk wie das Schreiben: Zu glauben, das macht man kurz mal nebenher mit links, ist fatal. Denn so wirkt Ihr Hörbuch am Ende möglicherweise sogar peinlich, ohne dass Sie es merken. Die Gefahr besteht jedenfalls dann, wenn Sie keinerlei Sprachgefühl haben – und erschreckend wenige Leute haben Sprachgefühl. »Das Problem ist: Mach einem Bekloppten klar, dass er bekloppt ist«, sagte einst der große Dieter Bohlen – und damit hat er recht. Dilettanten wissen selten, dass sie Dilettanten sind. Viele halten sich für Profis, sowohl beim Schreiben als auch beim Sprechen.

Neben einer guten Stimme braucht Ihr Hörbuch noch

---

[32] https://www.bodalgo.com/de

ein paar Sounds, im einfachsten Fall ein Soundlogo für den Anfang und eines fürs Ende. Übergänge zwischen Kapiteln können Sie auch durch Klänge markieren. Wie gesagt: Ist Ihr Buch in einem Verlag untergebracht, ist das alles nicht Ihre Sorge. Aber wenn Sie Ihr Hörbuch wirklich selbst produzieren wollen, ist es wichtig, dass Sie alles professionell zusammenbauen.

So produzieren Sie Ihr Hörbuch selbst

Um ein Hörbuch zu produzieren, brauchen Sie neben Ihrer Hörbuchfassung Equipment. Am besten ist ein Tonstudio – das haben Sie entweder selbst oder mieten es. Wenn Sie ein Tonstudio mieten, haben Sie damit meistens auch gleich einen Tontechniker mitgemietet, der Ihre Aufnahme regelt. Aber wenn Sie sich geschickt anstellen, bekommen Sie auch zu Hause oder im Büro ein Hörbuch produziert.

Die wichtigste Bedingung dafür ist natürlich Stille. Ich meine nicht relative Ruhe, also zeitweises Ungestörtsein, weil der demente Nachbar ausnahmsweise mal nicht randaliert. Sondern ich meine Stille. Die habe ich zum Beispiel in meinem Haus auf dem Land. Das Schlimmste, was passieren kann, ist, dass der Paketbote klingelt. Dass plötzlich eine Motorsäge aufheult hier im Wald, kommt dagegen nicht vor, weil die Forstverwaltung mir Bescheid gibt, wenn sie vorhat, mit Arbeitern und Gerät anzurücken.

Sind die Fenster zu, sind auch keine Vögel zu hören. Ich halte meine tickenden alten Uhren an, schalte das iPhone auf Flugmodus, leite das Telefon aufs Büro um, sage denen, dass ich Anrufer später zurückrufe. Dann bin ich startklar.

Dieses Equipment nutze ich oder könnte ich nutzen:

- Umgebungsgeräusche abschirmen: Für einen trockenen Klang eignen sich Reflexionsschirme – das ist eine im Halbkreis angeordnete Schaumstofffläche, die Klang schluckt. Ich habe den »Micscreen« von T-Bone, den Sie bei Thomann bekommen.[33] Oft nutze ich den Schirm aber gar nicht, sondern spreche direkt vor dem Bildschirm ins Mikrofon.
- Mein Mikrofon ist der »Podcaster«, ebenfalls von T-Bone, auch bei Thomann erhältlich. Das Mikrofon steckt in einer Spinne, die Stöße abfedert und unhörbar macht. Das Ganze steht auf einem Tischstativ.
- Vor dem Mikrofon schwebt ein Poppschutz, der über einen biegsamen Arm am Stativbein befestigt ist. Er verhindert das Knallen durch Explosionsgeräusche wie bei den Konsonanten »p« und »k«.
- Meine Software zum Aufnehmen ist Audacity, eine Freeware für Windows und Mac. Alternativ habe ich LogicPro auf dem Mac, aber dieses Programm ist sehr kompliziert.
- Beim Aufnehmen steht der Text auf einem großen Bildschirm, und auf einem kleinen Bildschirm ist die Oberfläche von Audacity zu sehen.

---

[33] https://www.thomann.de/de/index.html

- GEMA-freie Klänge und Musik hole ich bei Soundtaxi[34] – ein Stuttgarter Anbieter, bei dem jeder Titel einzeln kostet – und bei Audioblocks[35] – einem US-Anbieter, bei dem ich eine Flatrate gebucht habe und jedes Jahr dafür etwa 150 US-Dollar bezahle. Sobald Sie Ihren Audioblocks-Account kündigen, dürfen Sie die Klänge nicht mehr benutzen und müssen Hörbuch und Podcastfolgen umbauen. Bei Soundtaxi bezahlen Sie dagegen einmal pro Titel und dürfen den Titel lebenslang verwenden.

Das war's eigentlich schon. Mehr brauchen Sie nicht, um Ihr Hörbuch zu produzieren. Mit Ihrem Soundprogramm, also zum Beispiel mit Audacity, exportieren Sie Ihr Hörbuch am Ende Kapitel für Kapitel als MP3 und laden es irgendwo hoch, wo Leute es kaufen können, zum Beispiel in den Tresor in Ihrem Digistore-Konto. Dann konfigurieren Sie Ihr Hörbuch in Digistore als Produkt und fertig. Auch bei Amazon können Sie Ihr Hörbuch natürlich zum Kauf anbieten.

Audio-CD produzieren oder nicht?

Vor wenigen Jahren noch war es Standard, dass ein Hörbuch auf eine CD gepresst war. Vor wenigen Jahren waren auch noch Musikalben auf CD gepresst. Tja. Brauchen wir CDs?

---

34 https://www.soundtaxi.com/de

35 https://www.audioblocks.com/

Ich finde nicht. Natürlich ist eine CD das schönere Geschenk, klar. Aber wollen Sie Ihren Fokus darauf legen, dass jemand Ihr Hörbuch verschenkt? Wenn Sie Belletristik verlegen, ist der Gedanke gar nicht so abwegig – gerade fürs Weihnachtsgeschäft sind CDs mit Hörbüchern sehr wichtig für Verlage. Aber gehen Sie halt mal zu Hugendubel oder Dussmann und schauen Sie sich die Hörbuch-CDs an, die es da so gibt. Sie werden rasch merken, dass es meistens vertonte Belletristik ist, vielleicht Biografien oder Autobiografien, und in aller Regel ziehen die Hörbücher auch noch durch prominente Sprecher mit deren Antlitz auf dem Cover.

Wie viele Businesshörbücher finden Sie auf CD? Wenige. Also ist mein Rat: Skalieren Sie Ihr Produkt digital und vermeiden Sie sämtliche unnötigen Herstellungskosten.

Vermarktung und PR

Zur Frage, was ein Buch bringt, das niemand kennt

Ob Buch, E-Book oder Hörbuch: Der schönste Content bringt Ihnen nichts, wenn ihn niemand kauft. Es geht daher nicht zuerst darum, dass die Menschen Ihr Buch lesen, sondern darum, dass sie es kaufen. Und dazu müssen sie davon erfahren. Denn etwas, wovon wir nichts wissen, werden wir kaum kaufen.

Niemand, der Ihr Buch nicht kennt, kauft es. Niemand, der Ihr Buch nicht kennt, kann wissen, wie genial Ihre Gedanken darin sind. Also müssen Sie den Leuten eben sagen, wie genial Ihr Buch ist – und zwar bevor sie es kaufen.

Das klingt simpel und banal, aber es ist wirklich essenziell. Vor allem Künstler und Experten sind oft so besoffen angesichts ihrer unvergleichlichen Inhalte, dass sie die Vermarktung glatt vergessen.

Lassen Sie mich den Vergleich zu einer anderen Branche ziehen: Bei uns in der Gegend gibt es einen wunderschönen Pferdehof mit Ferienwohnungen, der ein Restaurant verpachtet. Die Lage ist super, das Ganze liegt direkt an einem Wander- und Radwanderweg. Der Biergarten hat eine Aussicht übers Tal wie kaum ein anderer Gastronomiebetrieb hier. Das Ehepaar, das das Restaurant zuletzt betrieb, hat einen erstklassigen Service geliefert: Die Frau war eine begnadete Köchin, vor allem die Wildgerichte und Desserts waren Gedichte. Aber Ende des vergangenen Jahres haben die beiden aufgehört – sie hatten zu wenige Gäste.

Für als Konsumenten konditionierte Menschen klingt das nach strukturschwacher Region auf dem Land, nach der Übermacht der Konkurrenz – so wie viele Leute eben die Schuld lieber bei anderen suchen als bei sich selbst. Aber die Schuld lag nicht woanders; andere Restaurants in der Gegend brummen. Auch dieser Laden hätte laufen können, wenn die beiden etwas Marketing gemacht hätten. Das haben sie aber nicht. Und wenn niemand weiß, dass es dort einen delikaten Nachtisch gibt, dann geht da eben auch keiner hin. Woher sollten es die Leute auch wissen?

Nicht einmal Aufsteller haben die beiden an den Gartenzaun ihres schönen Biergartens gestellt, der direkt am Wanderweg liegt. Man könnte ja draufschreiben, dass es Kuchen gibt. Aber das haben die beiden eben nicht getan. Es gab auch keine Flyer, die man irgendwo gefunden hätte.

Oder dass man mal einen besonderen Tag nutzt, um eine Aktion zu starten, Currywurst an Christi Himmelfahrt oder so – nichts in dieser Richtung geschah. Einmal in zwei Jahren habe ich erlebt, dass draußen gegrillt wurde und eine Sängerin sang. Aber das war auch die einzige Aktion.

Die beiden schienen zu glauben, dass Qualität genügt. Qualität haben sie geboten, ohne Frage. Aber es wusste eben niemand. Also waren sie nicht erfolgreich.

Das kann man nicht vergleichen? Doch, finde ich schon. Wenn Sie nicht bekannt machen, welchen Nutzen Ihr Buch hat, haben auch Sie weniger Leser. Und die Aufgabe, für Ihr

Buch zu trommeln, haben in diesen Zeiten nicht nur Verlage, sondern zunehmend auch Autoren.

Das wiederum liegt an den technischen Möglichkeiten, die wir heute haben. Marketing und PR können wir theoretisch alle machen – und weil das immer mehr Menschen tatsächlich auch tun, steigt der Wettbewerbsdruck.

Die Frage ist natürlich, welche die wichtigsten Kanäle fürs Buchmarketing und welche die richtigen Medien für eine gute Buch-PR sind. Die Antwort: Es sind die Kanäle, über die Sie Ihre Zielgruppe erreichen, und es sind die Medien, die Ihre Zielgruppe rezipiert. Wenn Sie sich wie ich an Unternehmer und Manager in den Bereichen Marketing, Vertrieb und Personal richten, dann ist eine Story in der »Fuldaer Zeitung« eher unsinnig – und sie ist auch kaum denkbar, weil sich Publikumsmedien wie die »Fuldaer Zeitung« an die breite Öffentlichkeit richten. Für Publikumsmedien eignen sich eher Ratgeberthemen, die jeden betreffen, also beispielsweise die Themen Partnerschaft, Kinder und Tiere.

Marketingkanäle gibt es für mein Thema auch nicht allzu viele, der beste ist derzeit LinkedIn. LinkedIn wiederum ist für Verbraucherthemen nicht so gut geeignet.

Sowohl fürs Marketing als auch für die PR sollten Sie zu Anfang übrigens eine wichtige Entscheidung treffen. Trommeln Sie ausschließlich für Ihr neues Buch? Oder trommeln Sie für Ihr Thema? Trommeln Sie möglicherweise für sich selbst als Persönlichkeit? Oder trommeln Sie für Ihre Veranstaltungen? Vielleicht wird es ja auch ein Mix, aber dann ist zu klären, wofür genau Sie auf welchem Kanal trommeln.

Wenn Sie sich als Expertin oder Experte positionieren, empfehle ich Ihnen jedenfalls, sich als Person zu vermarkten. Sie sind das Produkt, denn Sie helfen den Menschen mit Ihrem Wissen. Koppeln Sie das Know-how nicht von sich ab, sondern positionieren Sie sich selbst als denjenigen oder diejenige, der oder die für genau die Lösung steht, die Sie anbieten. Das bedeutet zum Beispiel schon einmal, dass Sie sich keinen ach so originellen Markennamen ausdenken, aus dem niemand auf den ersten Blick schlau wird. Wenn Sie Thilo Baum heißen und sich denken, Sie müssten eine Firma namens »TB Consulting« gründen, dann ignorieren Sie erstens die Perspektive Ihrer Kunden, denen Ihre Abkürzung überhaupt nichts sagt, und Sie schaffen zweitens vor allem auch eine unnötige künstliche Distanz. Wenn Sie Thilo Baum heißen, dann ist »Thilo Baum« Ihre Marke. Schreiben Sie meinetwegen etwas drunter wie »Der Klartextexperte«. Aber halten Sie es bitte simpel.

Je einprägsamer und seltener Ihr Name ist, desto besser ist es natürlich, weil Google Sie meist sofort zweifelsfrei identifiziert. Sicher habe ich Namensvettern, aber die haben keine Positionierung und sind bei Google entsprechend unsichtbar. Aber selbst wenn Sie einen Allerweltsnamen haben, sollten Sie mit Ihrem Namen rausgehen. Das tut sogar ein Kollege, dessen Namensvetter ein Kriegsverbrecher aus dem Zweiten Weltkrieg ist, der aus historischen Gründen bei Google sehr weit oben steht. Aber die Aufgabe ist es dann eben, durch ständige Aktivität den Namensvetter bei Google immer weiter nach unten zu drücken.

Onlinemarketing

Für Ihr Onlinemarketing empfehle ich Ihnen, ein kleines Imperium aus Landingpages aufzubauen, das Sie mit einem Tool wie Klick-tipp oder Mailchimp verknüpfen. Diese Tools taggen die E-Mail-Adressen Ihrer Interessenten damit, wofür sie sich eingetragen haben, also zum Beispiel für ein Seminar oder auch für den Download eines E-Books. Die Produkte selbst, also Dateien und Veranstaltungen, hosten Sie beispielsweise bei Digistore24. Für die Architektur solcher Landingpages empfehle ich Ihnen Wordpress und dort den »Thrive Architect«.[36]

Wenn dann jemand auf die Landingpage für Ihr neues Buch kommt, liest er dort etwas über Ihr Buch und sieht Sie in einem Video, in dem Sie den Sinn und Nutzen Ihres Buches darstellen. Dann klickt er auf den »Kaufen«-Button und landet bei Digistore und kauft.

Oder aber jemand besucht die Landingpage für Ihr neues Seminar, auf der Sie ebenfalls mit Text und Video werben. Diesen User können Sie entweder auch zu Digistore leiten, wenn Sie dort Ihre Tickets automatisiert verwalten – oder vielleicht auch zu Eventbrite –, oder aber Sie schalten eine Box dafür, über die sich der Kunde anmeldet, indem er seine Daten einträgt. Dann fängt meinetwegen Klick-tipp diese Daten auf, gibt ihnen den Tag »Über das Anmeldeformular

---

[36] https://thrivethemes.com/architect/

›Seminar‹ eingetragen«, und nach der Eintragung schickt Klick-tipp ihm automatisch die Informationen zum Seminar.

Wenn es ums Einsammeln von Daten geht, haben viele Selbstständige eine Riesenpanik wegen der Datenschutz-Grundverordnung (DSGVO). Natürlich sollten Sie DSGVO-konform agieren, klar. Aber einige einfache Punkte im Zusammenhang mit der DSGVO sind vielen Menschen schlicht nicht bewusst, darum lassen Sie sie mich hier skizzieren:

- Wenn Sie mit jemandem einen Vertrag schließen, ist es völlig problemlos, dessen Daten zu speichern. Das müssen Sie sogar tun, da Sie am Ende eine Rechnung schreiben und diese Rechnung für den Fall einer Betriebsprüfung zehn Jahre lang aufbewahren müssen (übrigens gemessen am Jahr des letzten Steuerbescheids, nicht am vergangenen Jahr). Sie müssen bei einem Vertrag also kein Einverständnis einholen.
- Das Einverständnis müssen Sie nur einholen, wenn Sie Daten ohne Vertrag speichern wollen, beispielsweise, um den Kunden mit Informationen zu beliefern wie etwa in einem Newsletter.
- Einen kostenlosen Vorteil dürfen Sie nicht mit einer Bedingung verknüpfen. Die vielen Landingpages, auf denen Leute E-Mail-Adressen gegen einen so genannten »Leadmagneten« sammeln, also etwa ein PDF, verstoßen gegen das Kopplungsverbot.

- Wenn Sie kostenlose Vorteile anbieten, um E-Mail-Adressen zu sammeln, sollten Sie dem Kunden unbedingt auch den reinen Download anbieten, bei dem er keine E-Mail-Adresse angeben muss. Das heißt, Ihr Kunde hat die Wahl, ob er Ihnen seine E-Mail-Adresse für mehr Informationen gibt oder nicht. Ein Schaden ist das nicht: Wer keinen Newsletter will, würde sich davon ohnehin belästigt fühlen. Und Ihr kostenloser Download kann auch ohne eine neue Adresse bei dem Kunden als Multiplikator wirken.

Das Geniale an einer Landingpagelandschaft mit Klick-tipp- oder Mailchimp-Anbindung ist: Sie können den Leuten automatisch die Angebote zukommen lassen, die auf dem aufbauen, was sie schon haben. Beispielsweise können Sie Follow-up-E-Mails konfigurieren, die die Leute zwei Tage nach dem Download bekommen oder drei Tage, nachdem sie ein Video gesehen haben.

Ihre Landingpage-Domain

Wenn Sie ein solches Imperium mit Klick-tipp aufbauen, empfehle ich Ihnen den Enterprise-Zugang. Der ist zwar etwas teurer, aber dafür kommen Ihre E-Mails von Ihrem Server, nicht von Klick-tipp. Wenn Sie beispielsweise eine automatische E-Mail von mir bekommen, dann hat diese E-Mail eine thilo-baum.de-Domain und bleibt seltener in Spamfiltern hängen als E-Mails mit Klick-tipp-Kennung.

Für den Aufbau Ihres Imperiums empfehle ich Ihnen eine eigene Domain. Wenn wir mal von Wordpress ausgehen, bezieht sich ein Theme – also das Design – immer auf die gesamte Domain. Die Domain thilo-baum.de ist zum Beispiel auf Wordpress Avada aufgebaut. Das ist die Website. Die Domain klartextexperte.de läuft unter Thrive, und dort hoste ich meine Landingpages. Zum Stöbern ist die Domain aber nicht gedacht; um beispielsweise auf die Landingpage für mein Buch »Schluss mit förmlich!« zu gelangen, brauchen Sie den URL.[37]

An dem URL sehen Sie, dass die Seite für das Buch nur eine von mehreren ist, denn die Bezeichnung befindet sich hinter dem Strich. Tatsächlich habe ich auf der Domain etwa 20 Landingpages gehostet. Das hat auch zwei gute Gründe: Einmal können Sie eine Thrive-Lizenz jeweils nur für eine Domain nutze, demzufolge bräuchten Sie bei 20 Domains 20 Lizenzen. Und dann gehen die Updates wesentlich einfacher und schneller: Aktualisiere ich Wordpress, muss ich das nur bei einer Seite tun und nicht bei 20.

Aus technischen Gründen ist die Homepage selbst nicht belegt, sondern die Inhalte spielen sich hinter dem Schrägstrich ab. Darum ist die Homepage über das Wordpress-Plug-in »Redirect« auf thilo-baum.de verlinkt. Das Kürzel »p02« bezeichnet verschiedene Verzeichnisse, hier zum Beispiel die Landingpages für Produkte.

---

[37] https://klartextexperte.de/p02/schlussmitfoermlich-landingpage/

Webinare

Ebenfalls spannend sind Webinare, also Seminare übers Internet. Die können Sie entweder live durchführen, das heißt, Sie sitzen oder stehen tatsächlich vor einem Rechner, oder aber Sie zeigen Aufzeichnungen. Für Live-Webinare eignen sich Oberflächen wie Zoom[38], für automatisierte Webinare eignet sich Webinaris[39] hervorragend. Ein solches Webinar zeichnen Sie einmal auf und konfigurieren es. Ich würde Ihnen empfehlen, den Zuschauern gleich zu Anfang mitzuteilen, dass es sich um ein automatisiertes Webinar handelt, also um eine Aufzeichnung, damit sich niemand geleimt fühlt.

Genial an Webinaris ist allerdings, dass die Teilnehmer auch in diesem Fall die Chat-Funktion nutzen können – die Chatnachrichten landen per E-Mail bei Ihnen. Die Teilnehmer können also den Chat für Fragen an Sie nutzen, obwohl Sie gar nicht anwesend sind, Sie beantworten die Fragen eben später und haben so vielleicht neue Kundenkontakte.

Natürlich hat jedes Webinar eine Landingpage, über die die Leute sich eintragen – und die liegt entweder auf Ihrer Domain oder auch bei Webinaris. Beim Webinar ist der Eintrag einer E-Mail-Adresse übrigens schon aus Gründen der Technik nötig, ohne E-Mail-Adresse startet das Ding

[38] https://zoom.us/

[39] https://www.webinaris.com/

schlichtweg nicht. Das unterscheidet das Medium »automatisiertes Webinar« vom Video beispielsweise bei Youtube.

Youtube und Podcast

Damit sind wir beim nächsten Stichwort: Als Expertin oder Experte ist ein Youtube-Kanal für Sie sicher sinnvoll. Sie können auch einen Podcast ins Leben rufen wie ich – hören Sie gerne mal rein.[40] Ich nehme den Podcast mit der Technik auf, die ich beim Thema Hörbuch beschrieben habe.

Für einen guten Youtube-Kanal brauchen Sie auf jeden Fall eine ansprechende Umgebung, in der Sie sich filmen, ein paar professionelle Scheinwerfer und vor allem auch eine hohe Klangqualität. Das gelingt durch Ansteckmikrofone und wenn Sie gerne weiter weg stehen, durch Funkstrecken, beispielsweise die von Sennheiser. Auch für diese Technik ist Thomann für mich der beste Ansprechpartner.

Das Wichtigste bei Podcast und Youtube ist ein Plan. Klar können Sie einfach verschiedene Videos von Ihren Auftritten bei Youtube hochladen, aber Sie können auch eine Folge aufbauen, die Sie dann nummerieren. Ich selbst bin da ein wenig nachlässig, während ich meinen Podcast ganz gut pflege. Aber schon der Anspruch, jeden Mittwoch mit einer Folge rauszukommen, ist sehr hoch – denn dieses ganze Onlinemarketing läuft neben dem Tagesgeschäft, also neben meinen Reisen und sonstigen Aufträgen, und auslagern

---

[40] https://www.thilo-baum.de/klartext-podcast/

kann ich es nicht. Die Leute wollen meine Stimme hören und mein Gesicht sehen, also muss ich selbst ran.

Deshalb empfehle ich Ihnen dringend einen Redaktionsplan, der Ihnen sagt, welche Inhalte Sie für welches Sendedatum mit welchem Format wann aufnehmen. Und dann halten Sie sich unbedingt an den Plan. Hier geht es wieder um Disziplin und Durchhaltevermögen. Der Lohn ist irgendwann ein kontinuierlicher Community-Aufbau. Wenn ich »irgendwann« schreibe, dann meine ich das genau so. Der Erfolg dauert eine Weile, aber wenn Sie dranbleiben und guten Content bringen, wird er sich einstellen.

Onlinekurse

Und jetzt stellen Sie sich mal vor, Sie bauen einen Onlinekurs. Das heißt: Sie nehmen zum Beispiel zehn Videos auf, in denen Sie Ihr Know-how Schritt für Schritt vermitteln. Zu den Videos bauen Sie Workbooks als PDF, also Arbeitshefte, in die die Leute ihre Notizen eintragen oder Listen ausfüllen. Am Ende, also wenn der User alle zehn Videos durchlaufen hat, bekommt er automatisch ein PDF mit einer Teilnahmebestätigung.

Solche Onlinekurse sind grandios für Weiterbildung ohne Reisekosten, und sie sind eine gute Werbung. Denn in den Videos können Sie zeigen, was Sie draufhaben, und sind Ihre Inhalte auch hier gut, dürfte es nicht lange dauern, bis Sie ein Teilnehmer mal für sein Unternehmen bucht.

Um so einen Onlinekurs aufzusetzen, eignet sich zum Beispiel blink.it[41] – der Anbieter sitzt in Darmstadt und ist wunderbar ansprechbar. Wenn Sie Ihre Kurse auf Ihrer Domain hosten wollen, eignet sich Digimember.[42] Das ist ein Plug-in für Wordpress, und auch hier empfiehlt sich wieder eine eigene Domain, damit Sie mit den Designs nicht durcheinanderkommen.

Verkaufen können Sie Ihren Onlinekurs dann wieder über Digistore, und natürlich liegt die Landingpage dafür auch in Ihrem Landingpage-Imperium.

Wo niemand ist, meldet sich niemand an

Diese ganzen Onlinemarketing-Überlegungen ergeben aber nur dann einen Sinn, wenn sich auch Leute bei Ihnen melden. Wenn niemand Ihre Landingpages besucht, kommt auch niemand ins Webinar, das ist einigermaßen logisch. Sie müssen Ihre Landingpages also füttern. In den Trichter müssen Leute rein, sonst fallen unten keine raus.

Die Wege, über die Sie Interessenten gewinnen, sind wieder viele, und auch hier sollten Sie erst genau überlegen, was Sie tun, bevor Sie es tun. Beim Onlinemarketing besteht massiv die Gefahr, dass Sie sich verzetteln und dass Sie sich in Tools und Kanäle stürzen, die sich später als sinnlos erweisen. Um das zu vermeiden, sollten Sie den Weg Ihres

---

41 https://www.blink.it/

42 https://digimember.de/

Kunden möglichst genau skizzieren. Sie sollten also wissen, über welches Einfallstor er auf Ihre Landingpage kommt, wofür auch immer.

Auch bevor Sie Tools kaufen, sollten Sie nachdenken. Ich empfehle Ihnen zwar wie gesagt die Enterprise-Version von Klick-tipp, aber buchen Sie trotzdem erst mal Premium. Damit haben Sie ein paar Reibungsverluste, aber am Anfang haut das nicht so rein wie später. Wenn Sie mit Premium experimentiert und herausgefunden haben, dass das Prinzip funktioniert, können Sie immer noch upgraden.

Und überlegen Sie vor allem erst einmal, inwiefern Onlinemarketing für Ihr Thema geeignet ist und umgekehrt. Die Idee, E-Mail-Adressen zu sammeln und eine Community auf Ihre Produkte zu lenken, funktioniert prinzipiell im B2C-Geschäft besser als im B2B-Geschäft. Damit will ich nicht sagen, dass es im B2B-Geschäft nicht funktionieren kann, aber es eignet sich für Privatkunden eben mehr.

Bei der Überlegung, wie die Leute auf Ihre Landingpages stoßen, gibt es ein grundlegendes Entscheidungskriterium, und zwar die Frage: Weiß Ihre Zielgruppe, dass es Lösungen wie die Ihre gibt? Oder weiß Ihre Zielgruppe es nicht? Auf den ersten Blick mag diese Überlegung merkwürdig klingen, aber sie hat durchaus Sinn. Wenn Sie sich zu Hause ausschließen, dann wissen Sie, dass es Schlüsseldienste gibt. Wie finden Sie einen Schlüsseldienst? Warten Sie, bis Ihnen bei Facebook eine Werbung über den Weg läuft? Nein, Sie suchen bei Google. Das heißt: Für bekannte

Produkte eignet sich Google eher als Facebook, ob redaktionell (»organisch«) oder beim Kauf von Anzeigen.

Ist Ihr Produkt eher unbekannt, ist die Informationsverteilung von Medien wie Facebook und LinkedIn klüger. Bei Facebook und LinkedIn stoßen Menschen im Prinzip auf Dinge, für die sie sich interessieren, oder sie lesen Informationen von Menschen, für die sie sich interessieren. Wobei wir auch diese beiden Plattformen noch einmal unterscheiden müssen, was ihre Algorithmen angeht, und für diese Information möchte ich gerne die Quelle nennen, nämlich meinen geschätzten Kollegen Martin Sänger aus Landshut.[43] Er hat herausgefunden, dass Facebook eher vielseitige Persönlichkeiten nach oben bringt und LinkedIn eher Experten. Zählt bei Facebook also Breite, zählt bei LinkedIn Tiefe.

In meinem Fall folgt daraus etwas Spannendes. Erstens: Mein Angebot, Klartext für Unternehmen, ist weitgehend unbekannt. Die meisten Unternehmen, die mich brauchen, wissen gar nicht, dass sie mich brauchen. Also muss ich sie auf den Gedanken bringen. Sicher finden mich manche meiner Kunden auch bei Google, weil sie eine bestimmte Art von Training suchen, aber die meisten, die mich über Google suchen, kennen bereits meinen Namen. Google ist also nicht unbedingt mein Mittel der Wahl, das sind eher Facebook und LinkedIn.

Jetzt habe ich natürlich ein Facebook-Profil als Person

---

[43] https://www.martinsaenger.de/

und auch eine Facebook-Seite als Unternehmen. Der Unterschied ist vor allem: Ein Profil kann maximal 5000 Freunde haben, eine Seite beliebig viele Fans. Aber Facebook will Geld verdienen, und das klappt über Werbung auf einer Facebook-Seite. Jetzt ist meine Erfahrung, dass meine Postings auf der Facebook-Seite kaum noch Resonanz erhalten, und ich vermute, das liegt daran, dass ich derzeit keine Werbung schalte. Über das Profil aber lässt sich eine organische Reichweite aufbauen. Da aber kann ich nichts bewerben, und nach oben hin ist bei 5000 Freunden Schluss. Also ist Facebook an dieser Stelle schon mal weniger geeignet.

LinkedIn dagegen setzt auf Tiefe, und darum sind lange Expertenbeiträge gut, die Sie dort in Ihrem Profil veröffentlichen, sogenannte Artikel. LinkedIn liebt Content, der unique ist, das heißt, posten Sie besonders guten Stoff dort exklusiv. Das ist meine Empfehlung. Wenn Sie sagen, Sie bringen einmal in der Woche eine Podcast-Folge und einmal in der Woche einen LinkedIn-Artikel, dann ist das schon mal eine Menge Arbeit, aber vermutlich eben die richtige und nicht im Nebel gestochert. Eine Garantie kann ich Ihnen natürlich nicht geben, und Algorithmen ändern sich auch, aber das ist jedenfalls im Augenblick mein Kenntnisstand.

Da Sie ja einen Redaktionsplan haben, planen Sie bitte auch die Produktion. Glauben Sie mir: Auf Dauer ist es Unsinn, jede Woche eine Podcast-Folge aufzunehmen, zu schneiden und hochzuladen. Klüger ist es, Sie nehmen sich zwei Wochen. In Woche 1 produzieren Sie zehn Podcast-Folgen für die nächsten zehn Wochen und in Woche 2 schreiben Sie zehn LinkedIn-Artikel für die nächsten Wochen. Gerade wenn es um Contentproduktion geht, sind die Grundüberlegungen des Lean Managements sehr hilfreich.

Medienresonanz bewirken

Kommen wir zur Medienresonanz. Wie erwähnt, bringt es die Fuldaer Zeitung nicht, wenn ich mich mit meinem Angebot überregional ans Topmanagement richte. Aber so, wie sich meine Zielgruppe für meine LinkedIn-Artikel interessiert, interessieren sich möglicherweise auch Fachmedien für mein Thema. Also: Welche Medien sind relevant?

Wenn Sie ein B2C-Thema haben, sind eher Publikumsmedien relevant, für B2B-Themen eher Fachmedien. An diese ungefähre Faustformel würde ich mich an Ihrer Stelle halten. Wobei es Ausnahmen gibt: Ein Volltreffer ist es, wenn Sie wie meine Kollegin Eva Schulte-Austum[44] ein Thema wie »Vertrauen« haben und der Norddeutsche Rundfunk über Sie einen Beitrag bringt, ebenso wie das ZDF, die »Süddeutsche Zeitung«, »emotion« und eben auch die »Wirtschaftswoche«. Klar richtet sich Eva-Schulte-Austum an Unternehmen, aber ihr Thema »Vertrauen« ist nun einmal so dermaßen relevant für viele Menschen, dass die Zielgruppe »Unternehmen« auch über die Publikumsmedien auf sie aufmerksam wird.

---

44 https://eva-schulte-austum.de/

Also: Finden Sie heraus, welche Medien sich für Ihr Thema interessieren, und schicken Sie jeweils ein Rezensionsexemplar hin. Dazu gehört ein »Waschzettel«, also eine kurze Übersicht über Ihr Buch, ähnlich wie Ihr Exposé, nur eben auf maximal einer DIN-A4-Seite zusammengefasst. Und dann haken Sie nach. Rufen Sie unbedingt in den Redaktionen an, denen Sie Ihr Buch geschickt haben, und arbeiten Sie daran, dass die Redaktion einen Beitrag bringt. Das ist etwas mühsam, aber wichtig.

Aufhänger finden

Dann können Sie auch sogenannte Aufhänger nutzen, also Anlässe für Veröffentlichungen. Das kann das tagesaktuelle Geschehen sein, wenn Sie einem Medium zum Beispiel die Analyse eines politischen Geschehens anbieten. Hier ist Ihre Fantasie gefragt, und dann können Sie auch nach Erscheinen Ihres Buches PR machen. Dabei ist die Story dann eben nicht »neues Buch«, sondern Ihre Meinung zu einem Thema.

Lassen Sie mich an dieser Stelle noch einmal auf Daniel Fitzke und sein Buch »PR für Freiberufler« hinweisen. Dieses Buch lege ich Ihnen wirklich ans Herz. Einmal erhalten Sie wertvolle PR-Tipps, und dann ist das Buch wegen der Gastbeiträge interessant. Warum sollten nicht auch Sie mit einem Text im Buch einer Kollegin oder eines Kollegen präsent sein? Das Geheimnis, damit so etwas geschieht, ist letztlich das Netzwerken, also die offene, aufgeschlossene und wohlwollende Kommunikation unter Kollegen.

Nachwort: Lohnt sich der Aufwand?

Kurz vor Schluss dieses Buches zum Buchschreiben kommt eine entscheidende Frage. Lohnt sich der ganze Aufwand? Ich kann mir gut vorstellen, dass ich Sie mit den vielen Aufgaben erschlagen habe, die auf Sie zukommen, wenn Sie Autorin oder Autor werden, mal ganz unabhängig davon, ob das in Eigenregie geschieht oder unter Vertrag bei einem Verlag.

Ein Buch zu produzieren ist wirklich nicht ohne, das merke ich immer wieder. Der Zeitaufwand fürs Schreiben reißt riesige Löcher in die Tagesplanung. Übertragen Sie das Schreiben einem Ghostwriter, legen Sie einen fünfstelligen Eurobetrag hin und müssen trotzdem alles anschauen, was der Ghost in Ihrem Namen fabriziert. Zeit kostet das Ganze auf jeden Fall.

Mein Angebot für Sie ist: Sie können gerne meine Hilfe beanspruchen, wenn Sie vorhaben, ein Buch herauszubringen. Wenn Sie noch ein paar Kolleginnen und Kollegen zusammentrommeln, können wir auch einen Workshop machen. Suchen Sie einen Ghostwriter, kann ich Ihnen möglicherweise Empfehlungen geben. Und haben Sie ein wirklich spannendes Thema, kann ich Ihnen vielleicht auch den Kontakt zu dem ein oder anderen Verlag herstellen.

Zum Schluss will ich Ihnen noch einmal nahelegen: Überlegen Sie genau, was Sie tun, bevor Sie es tun. Jede einzelne Entscheidung im Prozess der Buchentstehung kann

Folgen haben, die Sie jetzt vielleicht noch nicht absehen. Im schlimmsten Fall wählen Sie den falschen Verlag. Oder vielleicht ist auch die Entscheidung fürs Selfpublishing falsch. Möglicherweise bauen Sie ein Inhaltsverzeichnis, das nicht funktioniert. Oder Sie wählen die falschen Marketingkanäle. Vielleicht greift Ihr Titel nicht. Vielleicht schreiben Sie an Ihren Lesern vorbei. Eventuell ist ja auch Ihre Positionierung unklar. Alles möglich.

Im besten Fall stimmen alle diese Komponenten, und es entsteht ein wunderbares Buch, das auf dem Markt genauso wunderbar funktioniert und Sie als Expertin oder Experten sichtbar macht. Ich wünsche Ihnen, dass Sie bei dem ganzen Projekt so wenig Lehrgeld bezahlen wie möglich.

Wenn Sie mich erreichen wollen, dann mailen Sie mir bitte an thilo@thilo-baum.de. Bitte schreiben Sie eine deutliche Betreffzeile, damit Ihre Nachricht nicht untergeht. Ich freue mich, von Ihnen zu hören, und vor allem freue ich mich auf freundliche Bewertungen bei Amazon.

Schließlich: Es ist richtig, die Welt erstickt in Büchern. Aber das macht nichts, denn Qualität setzt sich am Ende durch. Darum bin ich gespannt auf Ihr relevantes Thema und Ihr überzeugendes Buch. Sollten Sie entscheiden, dass sich der Aufwand lohnt, dann ziehen Sie es durch.

Dabei viel Erfolg!

Gersfeld (Rhön), im März 2020

Thilo Baum

Thilo Baum ist für Sie da!

Buchen Sie ein Inhouse-Seminar (zwei Tage):

- Erster Tag, Vormittag: Empfängerorientierte Kommunikation, Argumentationen aufbauen
- Erster Tag, Nachmittag: Ihre Botschaften empfängerorientiert skizziert, Ihre Überschrift, Ihr Teaser, Ihr Wortbeitrag
- Zweiter Tag, Vormittag: Klarer Ausdruck, Ihre Argumentationen zusammengefasst und als Elevator Pitch präsentiert (Video/Audio)
- Zweiter Tag, Nachmittag: Ihre Botschaften ausformuliert

Holen Sie Thilo Baum fürs Tagesgeschäft ins Haus (tageweise):

- Stellenanzeigen überarbeiten
- Website-Texte überarbeiten
- Präsentationen überarbeiten
- Standardbriefe und Standard-E-Mails überarbeiten
- Hilfe für einzelne Mitarbeiter im konkreten Workflow
- Executive-Summary-Training für Führungskräfte und Assistenzen
- Feedback zu Meetings

Buchen Sie Thilo Baums Vortrag für Ihre Veranstaltung:

- »Komm zum Punkt! So drücken Sie sich klar aus«
- »Schluss mit förmlich! So geht menschliche Unternehmens-kommunikation«

Mehr von Thilo Baum

Mit zehn Checklisten zum perfekten Text!

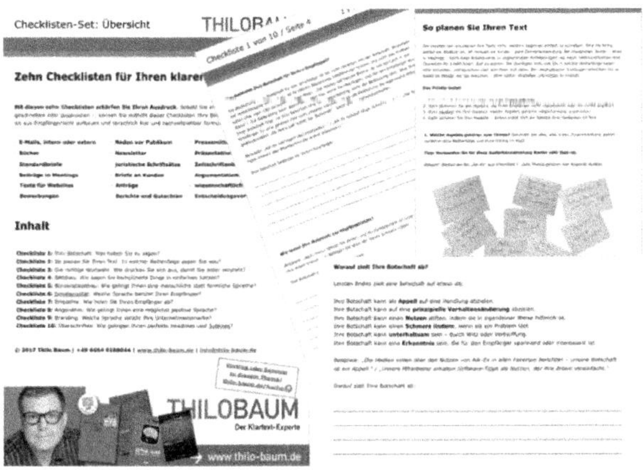

Formulieren Sie Schritt für Schritt Ihre prägnante Botschaft:

Checkliste 1: Ihre Botschaft: Was haben Sie zu sagen?
Checkliste 2: Text planen: In welcher Reihenfolge sagen Sie was?
Checkliste 3: Wortwahl: Wie drücken Sie sich verständlich aus?
Checkliste 4: Satzbau: Wie sagen Sie Kompliziertes einfach?
Checkliste 5: Bürokratieabbau: Wie gelingt menschliche Sprache?
Checkliste 6: Emotionalität: Welche Sprache berührt die Leute?
Checkliste 7: Empathie: Wie holen Sie Ihren Empfänger ab?
Checkliste 8: Sympathie: Wie gelingt Ihnen eine positive Sprache?
Checkliste 9: Branding: Welche Sprache spricht Ihr Unternehmen?
Checkliste 10: Überschriften: Wie gelingen Head- und Sublines?

Laden Sie Ihr Checklistenset hier herunter:
https://www.thilo-baum.de/checklisten/

Das Vier-Stunden-Audioseminar mit Thilo Baum

Mehr Erfolg durch Kundensicht!

Die meisten Unternehmen suchen Kunden für ihre Produkte. Finden Sie ab sofort besser Produkte für Ihre Kunden! Wer aus Sicht des Kunden denkt statt aus der eigenen Sicht, wird erfolgreicher: Reibungsverluste minimieren sich, Missverständnisse verschwinden – der Kundennutzen wird klarer und das Marketing fokussierter. Und die Unternehmenskommunikation, ob klassisch oder im Social Web, liefert Storys, die aus Kundensicht tatsächlich relevant sind. Steigern Sie den Erfolg Ihres Unternehmens mit Thilo Baums Audio-Seminar »Unternehmenserfolg durch Kundensicht«! Das ultimative Know-how für Unternehmer, Manager und Führungskräfte und alle anderen, die im Business kommunizieren.

- Rund vier Stunden – einfach portioniert in 64 Tracks
- 14 Übungen – auch mit Einbindung des Autors
- inklusive Übungsheft (PDF)

Fünf fesselnde Kapitel mit wertvollem Know-how:

Kapitel 1: Der Sinn des Wirtschaftslebens. Die Basics der Kundenorientierung. Warum ein Markt per se kundenorientiert ist. Warum Unternehmen erfolgreicher sind, die bereit sind, die Perspektive des Kunden einzunehmen

Kapitel 2: Der Zugang zu Menschen. Über peinliche Recruiting-Videos, absurde Unternehmensleitbilder und Unternehmen, die die Perspektive ihrer Kunden ignorieren. Wie Sie Menschen tatsächlich erreichen

Kapitel 3: Das Produkt. Über Usability. Warum zum Produkt mehr gehört als nur das Produkt. Warum die Performance des Produktes wesentlich ist für Ihre Kundenbindung. Wie Mitdenken in der Produktentwicklung Ihrem Unternehmensimage dient

Kapitel 4: Die Botschaft. Über Unternehmen, die glauben, ihre Botschaften seien öffentlich relevant. Was die Öffentlichkeit wirklich interessiert und wie Sie aus Ihren Botschaften öffentlich relevante Nachrichten machen

Kapitel 5: Der Text. Über betriebsblinde Spezialisten, die sich nicht klar ausdrücken. Wie Sie Ihre Botschaft aus Empfängersicht formulieren und wie Sie allgemeinverständlich auf den Punkt bringen, was ankommen soll

Zum Ende folgen 40 Gebote – die wichtigsten Regeln für kundenorientiertes Handeln knackig zusammengefasst.

Rund vier Stunden Know-how für den Erfolg Ihres Unternehmens! 64 Tracks (MP3) für MP3-Player, Computer und Auto.

Holen Sie sich Ihr Audioseminar hier:
https://www.thilo-baum.de/audioseminar/

Hören Sie Thilo Baums Podcast!

Im »Klartext-Podcast« mit Thilo Baum geht es um Sprache in der Unternehmenskommunikation. Jetzt bei iTunes »Thilo Baum« suchen und abonnieren oder Podcast bei Thilo Baum selbst hören:

https://www.thilo-baum.de/klartext-podcast/

Lesen Sie Thilo Baums Blog!

In seinem Blog bringt Thilo Baum Informationen, Geschichten und Fotos rund um Sprache und Kommunikation:

https://www.thilo-baum.de/blog/

Hören Sie Thilo Baums Hörbuch für Ihren Vertriebserfolg!

Ideal für Vertriebsleute im Auto: eine gute Stunde mit Tipps zum Perspektivenwechsel. Nehmen Sie die Sicht Ihrer Kunden ein!

Holen Sie sich Ihr Hörbuch hier:
https://www.thilo-baum.de/vertriebshoerbuch/

Meinungen zu Thilo Baum

»Als Unternehmerin stelle ich immer wieder fest, dass wir aneinander vorbeireden. Mit Thilo Baum geht es wieder viel besser, klar im Ausdruck zu sein. Für mich ist Thilo Baum der Meister der Klarheit. Wo heute Menschen die deutsche Sprache verwässern, führt er uns immer wieder auf den Weg zurück, Klarheit im Ausdruck zu üben.«

Liss Heller, Steuerexpertin und Autorin (Wien)

»Wir haben Thilo Baum jetzt das zweite Mal bei uns gehabt. Wir haben schon beim ersten Mal gemerkt, dass sich die geschriebene Kommunikation wesentlich verbessert hat. Wir waren zu technokratisch, wir waren zu bürokratisch, und die Essenz einer geschriebenen Information ging unter. Mit Thilo Baum haben wir es geschafft, dass wir auf den Punkt kommen. Ein wesentlicher Grund, warum wir Thilo Baum nochmals zu uns ins Haus geholt haben, war der enorme Mitarbeiterwechsel, der stattgefunden hat.«

Martin Hundertpfund, Wirtschaftskammer Vorarlberg (Feldkirch)

»Was mir besonders an dem Seminar gefallen hat, ist, dass ich das gelernte Know-how sofort, immer und überall anwenden kann.«

Claudia Strauch, Roche Pharma AG (Grenzach-Wyhlen)

»Vielen Dank für dein wirklich hilfreiches Rundum-sorglos-Paket zum Thema Schreiben!«

Sabina Schilcher-Gerlach, Teilnehmerin der GEDANKENtanken-Akademie (Frankfurt am Main)

»Thilo Baum ist die Nummer eins im deutschsprachigen Raum, wenn es um den prägnanten Ausdruck geht.«

Stefan Frädrich, Gründer von GEDANKENtanken (Köln)

»Mit Ihrem Motto ›Komm zum Punkt!‹ habe ich heute sehr viele Impulse mitgenommen, die ich künftig sowohl in meinen E-Mails als auch in allen meinen Gesprächen versuchen werde umzusetzen.«

Andreas Lex, Leiter Vertriebsakademie, SparkassenVersicherung (Stuttgart)

»›Unternehmenserfolg durch Kundensicht‹ ist super und genau das Richtige für Außendienstler im Auto. Alles, was wichtig ist, ist drin: Wie Produkte performen sollen, was man gegen Betriebsblindheit tut und wie man seine Botschaften kundenorientiert formuliert. Aufteilung und Länge der Tracks werden jeder Aufmerksamkeitsspanne gerecht. Spannend, unterhaltsam und voller konkretem Nutzen. Wer das hört und dann zum Kundentermin geht, hat sicher mehr Erfolg!«

Thomas Wagner, Würth-Akademie (Künzelsau)

»Ihr inspirierender und emotionaler Vortrag wirkt. Um es auf den Punkt zu bringen: Ich danke Ihnen noch einmal herzlich für diese überzeugende Performance. Ihre Botschaft ist bei unseren Mitarbeitern angekommen. Ich habe ausschließlich begeisterte Stimmen eingefangen.«

Heinz-Jörg Reichmann, Vorsitzender des Vorstands, Sparkasse Attendorn-Lennestadt-Kirchhundem (Attendorn)

»Ihr Seminar war wirklich ausgezeichnet!«

Ute Sartorius, Merck Serono (Darmstadt)

»Ich kann nur sagen: Absolute Empfehlung!«

Lars von Velsen, INTER Versicherung (Mannheim)

Weitere Referenzen (auch Audio):
https://www.thilo-baum.de/kunden/

Das Buch der 1000 Gebote

So funktioniert das Leben – eine Gebrauchsanleitung

Thilo Baum, 240 Seiten, Hardcover
Fadenheftung, Prägecover, Leseband
Euro 22.90, ISBN 978-3-907100-66-0

Wie lange ist Egoismus gut, und wann wird er asozial? Wann dürfen und sollten Sie Nein sagen? Wie finden Sie zu sich selbst? Und wann dürfen Sie töten?

»Das Buch der 1000 Gebote« gibt klare Antworten auf die wichtigen Fragen des Lebens. Es ist ein Leitfaden für das Dasein auf dieser Welt. Es hilft beim Bewerten von Weltbildern, dem Respekt gegenüber Andersdenkenden und der Natur. Vor welcher Entscheidung auch immer Sie stehen: Hier finden Sie einen Rat dazu – von persönlich bis beruflich. »Das Buch der 1000 Gebote« vermittelt gebündelt, worum es im Leben geht.

Jedes der zehn Hauptkapitel – vom Leben über das Denken und Handeln, den Erfolg und den Sinn bis zur Zukunft – besteht aus zehn Unterkapiteln, in denen sich wiederum jeweils zehn Gebote finden. Tausend entschiedene Ansagen, tausend inspirierende Denkanstöße, tausend neue Sichtweisen auf die Welt. Teils verblüffend und witzig, teils philosophisch und nachdenklich, aber immer konkret, praktisch und anwendbar. Ein Buch für alle Lebenslagen!

»Die Unterscheidungsqualität und Differenzierungswucht dieses Werkes ist einfach unglaublich! Noch nie habe ich solch einen detaillierten Überblick über das Leben in einem Buch gefunden.«

Boris Grundl, Führungsexperte und »Menschenentwickler« (Süddeutsche Zeitung)

VOM EXPERTEN ZUM AUTOR